静岡県水平社の歴史

竹内康人

Takeuchi Yasuto

解放出版社

静岡県水平社の歴史　もくじ

静岡県（1945年頃）

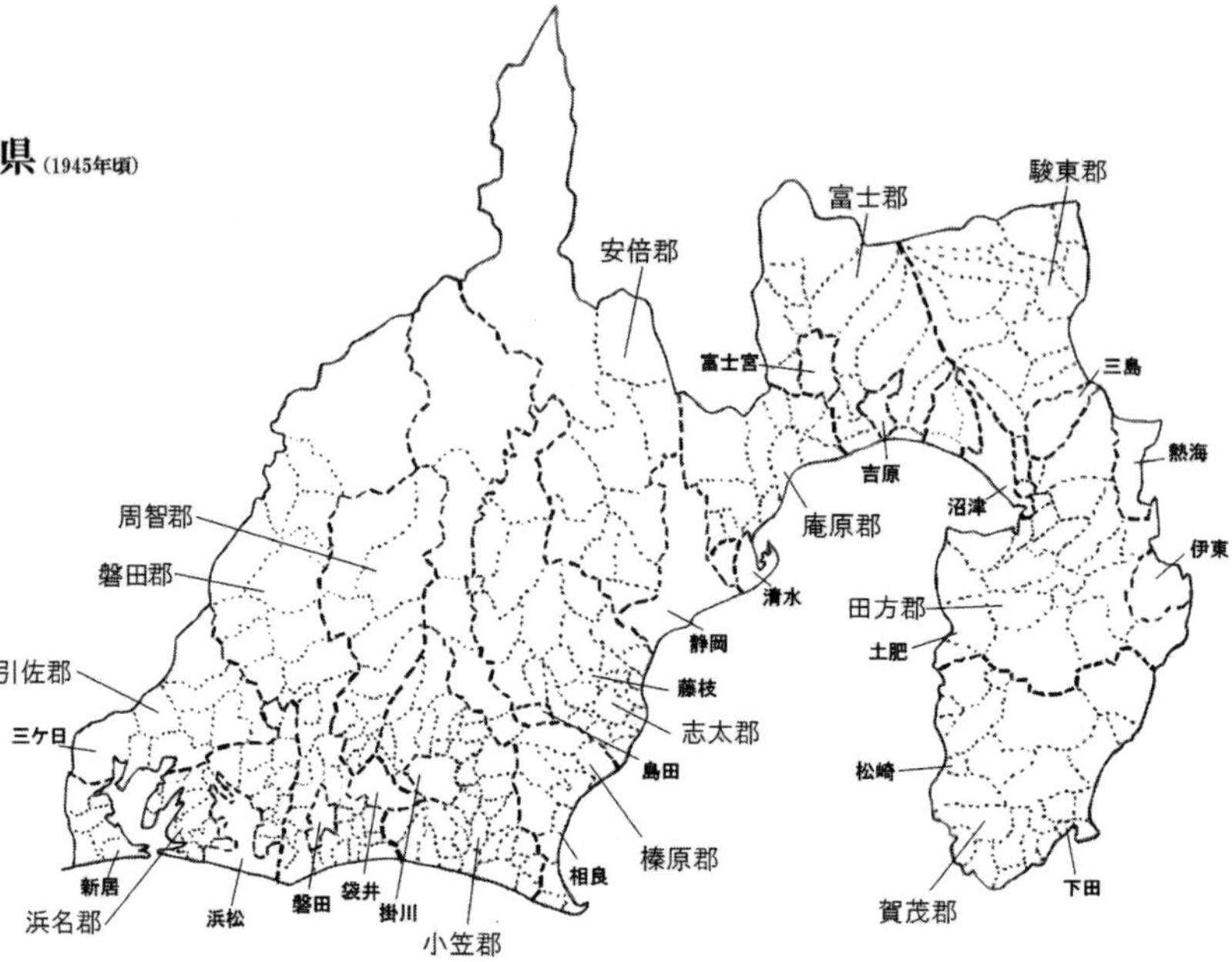

凡例

一、当時、使用されていた差別的な表現を、そのまま使用した箇所がある。

一、被差別の地区については、被差別部落の用語を使い、部落と略記した箇所もある。

一、引用文については、旧字体を新字体に直した箇所、句読点を加えた箇所、ルビを付した箇所がある。また、明らかな誤植は訂正した。

一、年号は西暦を用いた。敬称は略した。糾弾については、「糺弾」の語を用いた。

一、水平社の活動者名については、筆名のまま、記した箇所がある。

一、結成当時の水平社の名称が不明なものについては、旧村名を使って、水平社名、支部名を示した。

一、本文中での参考文献の表記は簡略にし、巻末に一括して文献名を示した。

はじめに

全国水平社の結成は一九二二年のことである。結成大会では、全国に散在する部落民衆の団結を呼びかけ、部落の民衆自らの行動による解放を求めた。また、経済や職業の自由を獲得し、人間の完成にむけて運動をすすめることを訴えた。水平社の宣言は「人の世に熱あれ、人間に光あれ」の言葉で結ばれていた。

全国水平社は差別からの解放を求める動きが高まるなかで結成されたが、その運動は荊（いばら）の道を歩む、苦闘の歴史だった。

この本は、静岡県で部落差別をなくそうとした人びとの活動を、水平社運動の歴史を中心にまとめたものである。

その内容は、近代に入っての部落改善運動、全国水平社結成にともなう静岡県水平社の設立、静岡県水平社による差別糺弾（きゅうだん）の闘い、静岡県での水平社解放連盟の活動、軍隊への差別糺弾の闘い、静岡県での融和運動の展開、恐慌と部落産業の状態、高松差別裁判糺弾闘争と全国水平社静岡県連合会の活動、戦争と「満洲（まんしゅう）」移民の動き、水平社の解散と同和奉公会の活動などである。

第一章　部落改善運動の展開

1　静岡県の部落改善運動

新たな身分制度と部落差別

江戸幕府が倒され、「王政復古」をかかげて新政府が生まれた。新政府は一八六九年に、華族（かぞく）、士族、平民などの新たな身分をおいた。一八七一年には「解放令」を出し、被差別身分の賤称（せんしょう）を廃止し、身分や職業を平民と同様にした。

それにより、同年、静岡県内でも、被差別身分を平民の籍に入れる動きがすすんだ。一九七三年に浜松県（はままつ）が宿駅（しゅくえき）での差別的取り扱いを禁止したように、各地で「解放令」に準じた措置がとられていった。しかし、皇族、華族、士族、平民という新たな身分が形成されるなかでの措置であり、平民へと編入された部落の人びとへの差別は続いた。

自由民権運動が高まるなかで、政府は憲法の制定と国会の開設をすすめた。政府は民権運動を抑え込み、天皇主権の国家体制づくりをねらった。民権運動が社会に広がるなかで、部落民衆が差別の撤廃を求める動きもおきた。

一八八八年、静岡県有渡郡の入江町では、江尻宿の浴場業者による入浴拒否に対し、裁判がおこされた。人びとは、七月、静岡の裁判所に入浴拒否解除の訴えをおこし、一二月には、自由な入浴を認めさせるかたちで勝利的に和解した。

差別をなくすという運動ではないが、職業転換の動きもあった。明治初期、県西部の五つの部落が「足洗」により、部落産業であった皮細工、草履細工を廃業し、農業に転換したという（「遠州地方の足洗」『民族と歴史』二―一、一九一九年）。

一八八九年に公布された大日本帝国憲法は天皇主権であり、人民は臣民とされた。政府による君主主権と貴族制度の導入は新たな差別の確立であった。また、旧来の差別は根強く残り、そのため居住や職業の自由が制限された。教育を受ける権利は確立されなかった。さらに、日本での資本主義の形成のなかで、これまでの部落産業の特権が奪われ、部落は新たな収奪のなかに組み込まれるようになった。

近代に入っての静岡県の被差別部落の数をみておこう。

一九一〇年代初めの内務省統計による記事では、八三部落、一七一二戸、一万九八九人とされる（『人道』六九、人道社、一九一一年一月）。

一九二一年三月の内務省社会局による調査「部落に関する諸統計」では、五五部落、二三〇四戸、一万四四七六人（現住者）である。

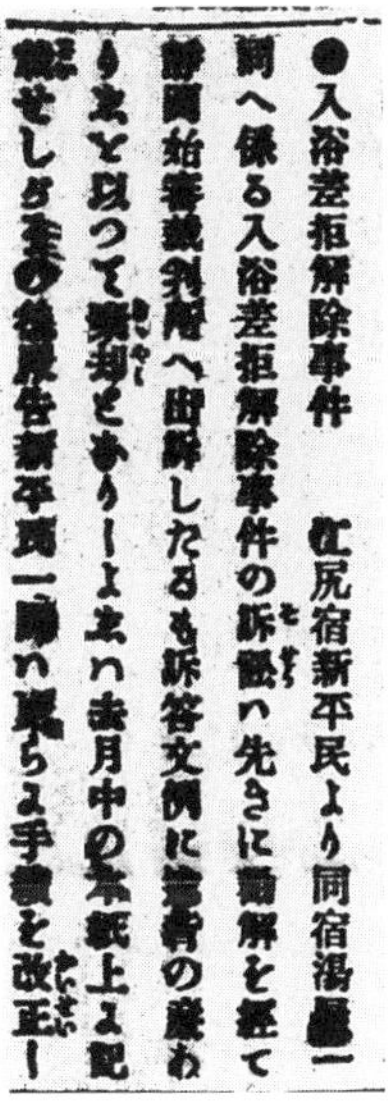
●入浴差拒解除事件　江尻宿新平民より同宿湯屋一
個へ係る入浴差拒解除事件の訴訟ハ先きに[illegible]解を経て
静岡始審裁判所へ出訴したるも訴答文例に[illegible]の廉あ
りしと以つて却下となりしよしハ去月中の本紙上に記
載せしが今度[illegible]右新平民ハ一[illegible]ハ更らに手続を改正し

江尻での入浴差別事件を伝える「静岡大務新聞」（1888年10月21日付）

一九三五年の中央融和事業協会の『全国部落調査』では、五二部落、二六五五戸、一万六一三二人としている。この調査から、郡市ごとに静岡県東部から西部にかけて数をあげれば、賀茂郡五、田方郡五、沼津市

一、駿東郡六、富士郡二、庵原郡三、清水市一、静岡市一、志太郡五、榛原郡四、小笠郡七、周智郡一、磐田郡一、浜松市二、浜名郡七、引佐郡一となる。

静岡県東部地域の被差別部落の多くが二〇戸以下であるが、県西部地域には、一〇〇戸以上の部落が六地区ある。これ以外にも差別を受けていた地区があるが、一九三五年時点の統計では、以上の地区が確認されている。浜名郡・浜松市、小笠郡、志太郡・榛原郡の三つの地域での人口が多い。

日本の近代化は新たな身分制度を形成し、そのもとで部落への差別が続いた。その現実を変え、差別をなくそうとする思いは部落改善運動のかたちであらわれた。

吉野村風俗改善同盟会

部落改善運動の団体は、一八九三年の和歌山の青年進徳会、一八九五年の大阪の勤倹貯蓄会、一九〇二年の岡山の備作平民会、一九一二年の奈良の大和同志会など各地で結成された。一八九八年の静岡県浜名郡での吉野村風俗改善同盟会の結成もそのひとつであった。

浜名郡吉野村は農村の部落である。当時は二二五戸、一四五八人の人口であり、一戸あたりの耕作反別は五反歩ほどであった。吉野村では、草履、皮革、下駄緒などが生産されていた。竹の下駄表の生産が好況であったときには、生活が奢侈となり、賭博が流行したが、不況になると村全体が負債をかかえる状態になったという。このなかで吉野村の北村電三郎や長谷藤市らは、一八九八年に風俗改善同盟会を設立し、改善運動を展開した。

北村電三郎は一八七二年生まれであり、帝国憲法発布のころ、一八歳で学務委員になった。村内の改革をめざしたが、村内での反対の力が強く、失敗した。その後、消防組合を結成し、この活動をとおして村の若者組を解体しつつ、村内の主導権を握っていった。北村らは風俗の改善、衛生の改善、勤倹節約の励行、教育の充実など

北村電三郎
（大阪人権博物館編『ビジュアル部落史』より）

を中心に、相互扶助と懲戒を含む統制により、村内での改善運動をすすめた。

北村たちは、勤倹節約規約の作成、共同納税組合の設立、酒・煙草・養豚飼料の村での専売制、種豚交尾料の専売権の確立、教育基金・村社基金づくり、村営屠場の経営、村営風呂・村自治改良会・青年団・家庭婦人会・商業会の設立をおこなうなど、つぎつぎに改善のための制度をつくった（「静岡県浜名郡吉野村事績」『日本庶民生活史料集成』二五所収）。

北村は、村農会長、村会議員などを務めることになり、長谷藤市に続いて一九一〇年に村長になった。村長を辞任したのは一九二五年であり、その後も融和運動にかかわった。運動の特徴は天皇の名による臣民の平等であった。

北村電三郎の事蹟碑（浜松市内）

この吉野村風俗改善同盟会の活動をとおしての村づくりは、政府による地方改良運動の推進にともない、「模範村」として全国に紹介された。内務省の地方局長だった尾戸次作は吉野村について「昔は難部落今は理想郷」に記した（『斯民』一四－三、一九一九年三月）。

榛原・小笠での改善運動

榛原郡では、一九一三年に郡長の加藤節次が川崎町の部落の有志を募り、吉野村を視察した。加藤は警察署長や小学校長らの助けを借りて改善をすすめた。川崎町の田崎武七、松田八十吉らは風紀改善同盟会を組織し、衛生、井戸・便所、教育などの改善事業をおこない、借金の返済、織田神社への氏子の加入、分教場の設立などをすすめた。一九一六年には、榛原郡内の四つの部落の青年団が連携し、榛原郡改善同志会が設立された。

帝国公道会（一九一四年設立）の『公道』『社会改善公道』、奈良の大和同志会（一九一二年設立）の『明治之光』には、静岡県に関する記事も収録されている。

帝国公道会の機関誌『公道』（東京大学法学部附属明治新聞雑誌文庫蔵）

榛原の田崎文蔵・嫩葉は一九一六年から一七年にかけて『明治之光』に「部落の青年諸君に望む」「部落改善の第一歩」「自尊心を養へ」「部落改善は刻下の急務なり」「四海同胞の実をあげよ」「克己と青年」「卑屈と謙遜」など、数多くの記事を投稿した。そこには、部落青年に自覚と反省を求め、青年会、女子教育、児童の就学支援などをすすめ、差別をなくそうとする思いが記されている。嫩葉は文蔵の筆名とみられる。

田崎嫩葉は「片田舎より南陽君に対へん」（『公道』三－一、一九一六年一月）で、入学試験のとき、年長者による侮辱発言をただしたいきさつを記した。田崎は、部落出身者が一人入学することへの侮辱の言葉を聞き、「怒気心頭」したが、部落出身を名乗り、温言で接してその発言をただしたのである。この文で、田崎は「我徒の覚醒」を呼びかけた。田崎文蔵はのちに横浜に移住し、弁護士として活動した。

榛原郡吉田村では、中村直次郎らの改善運動があり、弘志青年会の設立（一九〇八年）、共同浴場の設置、住宅の改善、道路の改良などがおこなわれた。部落民と近隣住民とで恢進彰風会が結成された。

小笠郡平田村の部落は、貯水池の側面に位置し、低湿であり、衛生環境が悪かった。差別のなかで一時期、賭博や浮浪が生じ、貸借、古物商取引での詐欺事件もおきた。納税戸は七四戸中一〇戸前後という状態になったという。

中島伊三吉
（「融和事業功労者事蹟」）

井上良一
（「融和事業功労者事蹟」）

このなかで一九一〇年に中島伊三吉らが青年会の運動をはじめ、一九一三年には地域で風俗改善同盟会を結成した。一九一四年に寺院を兼ねる公会堂を建て、共同浴場や購買販売組合をつくった。また、補習夜学校の開催、裁縫の講習、神社・寺院の改築、地区改正の推進、貯金組合の設立などの改善運動をすすめた。

小笠郡南山村では、井上良一が一九一三年に青年修養会を設立し、翌年、夜学会を開いた。井上は、地域改善の運動をはじめ、地区に戸主会、婦人会、産業組合などを設立した。一九一九年には小笠郡内の部落と連携し、小笠郡改善同盟会を設立した。井上は一八九〇年生まれであり、二〇代で改善運動をはじめた。一九一〇年代、部落改善運動には新しい世代が参加していたのである。

小笠郡での改善運動ではほかに、小笠郡中村では一九一九年、寺院住職や笠原富太郎らにより戸主会が設立され、風俗改善をめざした。小笠郡笠原村では、一九一八年から日向島吉による融和教育がなされ、三大節（四方拝・紀元節・天長節）、氏神祭典での一斉礼拝、講話などもおこなわれた。一九二三年には住民七〇戸、四百数十人の改姓を出願した。

志太郡島田町では、寺院住職の尾崎日新らにより、一九一四年に青年会が結成された。青年会では教育文化活動をすすめた。会長は九島源七、副会長は鶴木信太郎だった。青年会の九島作一は金融機関や産業組合の設立を呼びかけた（『明治之光』六－五・六、一九一六年五月・六月）。一九一八年には信用購買組合や私設消防隊が設立された。

茗荷茂平
（「融和事業功労者事蹟」）

浜名郡可美村では、改善会（会長・茗荷秋水）が設立され、帝国公道会の大江卓の講演会などがとりくまれた。寺院での講演会には他地区からの参加も含め、三〇〇人が参加したという。浜松市では茗荷茂平が一九一〇年代から二〇年代にかけて改善運動をすすめた。茗荷茂平は居住地の総代となり、草履製造からの転業、浜松青果販売利用組合の設立、神社の合祀、共同浴場の設立などをすすめた。

このような部落改善の動きのなかで、静岡県は一九一五年、衛生事業にとりくんだ。部落に対し、トラホーム治療を全額県費で実施した。治療を実施した大池村では患者五七六人の記事がある。『明治之光』（七－一、一九一八年一月）での部落改善団体の表彰では、一等には静岡県の吉野村風俗改善同盟会、二等には島田の青年会が選ばれた。

これらの改善運動は部落内の有力層によるものであった。それは「一君万民」の理念をもって天皇のもとでの融和をめざし、差別による社会的低位を地域的な改善事業と勤倹貯蓄の報徳思想などでのりこえようとする傾向が強かった。吉野村での教育での「授業料廃止」の項目などには部落民衆の要求をみていくこともできるが、社会変革をめざすものではなかった。

『明治之光』（七－五、一九一八年七月）の巻頭社説では、ロシア革命を例にあげ、部落のなかから社会主義者が生まれることを恐れ、「皇室中心主義」を奉戴して徐々に向上・改善をすすめる旨が記されている。ここには、部落差別の撤廃を求める部落民衆の動きが、天皇の恩恵を掲げる改善運動をのりこえ、社会的な権利と平等を求める社会主義の運動につながることへの危機意識が示されている。

米騒動と被差別部落

一九一八年の米騒動は部落民衆による新たな運動の形成につながった。この動きに対して、支配の側は「思想善導」を求め、融和政策をすすめて改善事業をおこなうようになった。それにより、部落民衆の政治的自覚による社会変革への動きを止め、地域改善や生活改良の枠に限定しようとした。

静岡県の米騒動をみれば、一九一八年八月一〇日、小笠郡大池村で米価上昇にともなう極度の生活難により、部落民衆から選ばれた委員が村役場に抗議した。翌日、民衆が寺院に集合し、村役場へ押しかけ、小笠郡役所へと殺到する動きを示した。村当局は臨時村会を招集するとし、同村の有志は、金五百円を拠出し、外米を安く売ることを部落民衆に約束した。

浜松市の米騒動では、部落出身者が米騒動の先頭に立って群衆に演説したとされ、五人が刑を受けた。藤枝(ふじえだ)の米騒動においても部落民衆が参加し、逮捕された。掛川(かけがわ)の米騒動でも差別発言をきっかけに参加し、逮捕された者がいた。小笠郡中村においては、部落民衆が村内有産層に要求行動をおこなった。これらは米価上昇による生活破壊に抗する動きだった(「予審終結決定書」『静岡県労働運動史 資料上』所収ほか)。

浜松の小山林は、米騒動直後、京都の東七条へ行った際に、騒擾(そうじょう)罪で挙げられた部落の友人に会ったが、「今度の事で大手をふって歩ける」と言っていたと語る(『静岡県労働時評』三)。

この発言にみられるように、米騒動への参加は部落民衆に自信を与えるものであった。

第一次世界戦争後の民主主義、社会主義の運動の高まりのなかで、社会的権利の獲得にむけての団結が強まり、部落民衆は差別の撤廃にむけて自ら起ちあがるようになる。

履物職人争議と組合結成

ここで静岡での履物(はきもの)職人の争議をみておこう。

一九一九年、職人を中心とする争議が全国でおきた。第一次世界戦争後の恐慌は、下駄市場を直撃し、下駄職工の転業・失業があいついだ。静岡市の統計によれば、一九一九年には一九三戸、五八五人が下駄生産に従事していた。下駄生産は問屋制家内工業による手工業が多かった。

一九一九年一月に静岡下駄職工大会が開催され、静岡・清水の下駄問屋に工賃値上げを求めた。一〇月には豊橋(とよはし)・浜松・静岡の履物職人三〇〇人あまりが「東海履物労働組合」を結成した。一一月、浜松支部はストライキをおこない、工賃の二割値上げを獲得した。静岡では、履物職人・下駄職人が工賃の値上げを要求して、争議に入った。一九一九年から一九二一年までの間に、静岡市では履物、下駄職人、雨傘職人、製材機械職工、葬儀人、車力(しゃりき)といった職人による争議があいついでおきた。戦後の恐慌のなかで、一九二一年、杉下駄職工は問屋側に一足あたりの工賃の値上げを要求し、獲得した(『静岡市史』、『静岡県労働運動史』)。

部落の主要産業は履物業であったが、このような争議は、部落民衆の社会意識にも影響を与えたとみられる。

2　静岡県社会事業協会の設立と活動

民衆の社会運動が高まるなかで、支配の側は部落改善運動を利用し、融和にむけての調査をすすめた。

一九一九年二月、内務省は「細民部落改善団体」として吉野村を表彰した。吉野村への視察も増えた。岡山県内務部社会課の『優良部落視察』報告書には吉野村の報告が含まれている。このような動きのなか、一九二四年一月には、吉野村内に北村らの風俗改善同盟会の活動を記した「自治記念碑」が建てられた。

内務省社会局社会部は一九二〇年に全国部落所在地調査を実施したが、それは治安対策のためだった。

静岡県社会事業協会の設立

部落改善団体の結合をすすめてきた帝国公道会は、一九一九年二月、東京で第一回同情融和大会を開催した。この大会には静岡からの参加もあった。大会では、第四一帝国議会に「部落改善ニ関スル請願」を提出したが、請願には、和歌山の岡本弥（おかもとわたる）とともに静岡の北村電三郎が名を連ねた。

この請願は、部落民の官公吏への採用、官公吏採用にあたり身元調査の不記載、軍隊内での差別待遇の廃止、教育での差別待遇の廃止、部落改善団体の組織化、部落改善の調査機関の設置、部落改善費の国庫支出、内務省に改善のための局課の設置、地方庁内に社会課の設置、北海道移住での戸数制限の廃止などを求めるものだった。

部落民對社會の
理解促進運動
市郡から差別撤廢の要望
先づ模範村より起る

濱松市及濱名郡下には差別撤廢を要望する部落民あり模範村として知られたる吉野村北村電三郎氏の少數同胞の對社會

▲水平運動は　少數同胞の自覺さ一般社會の同情愛護に依る差別撤廢に非ざれば眞の融合無差別にあらずさて部落民さ對社會の理解促進運動に盡瘁せられつゝあるが小數同胞の立場同情を[illegible]する能はざる點より之が差別撤廢の最捷徑に就て濱松憲兵分隊長有馬大尉は熱涙を振つて曰く『此問題は

▲實に容易な　らざる當面研究の事柄にして新聞紙の報道に依つて大阪、京都に於ける大會の狀況をば知つたが北村電三郎氏の主張は最も穩健で第一に部落民の自覺を促すさ共に一般社會の同情を得て陽意なき差別撤廢を見るのが當然で全國共に此の歩調に出でられたい猶ほ軍隊教育、軍隊生活の上には四民平等全く

▲無差別均等　愛を實施して居るのであるから先づ私をして希望を述ぶれは在郷軍人が進んで教育勅語の聖旨を體して此の少數同胞の救濟運動に努して眞に理解ある同情的愛護を少數同胞に傾注救濟の任に當る事が最も効果あり此道が最大唯一の捷徑であるさ思ふ』（濱松）

「国民新聞」（1922年３月26日付）

この請願は議会で採択され、一九二〇年には部落改善予算が計上された。

一九二一年二月の第二回同情融和大会には、静岡県の浜名郡、浜松市、磐田郡、小笠郡、志太郡、静岡市、安倍郡（あべ）、駿東郡などからも五〇人が参加した。その数は、東京二七五人、広島八一人につぐものだった。大会では北村電三郎の講演もなされた。

このような動きのなかで、一九二〇年、静岡県は静岡県社会事業協会（代表は県知事）を設立し、地方改良事務嘱託を一人配置した。この県社会事業協会は、他府県を調査し、県内の部落を巡回して講演・講話活動をおこなった。さらに、印刷物の作成、優良部落の視察、改良事業施設への補助奨励などをおこない、戸主会・主婦会・男女青年会・消防組・矯風会などを組織した。それに

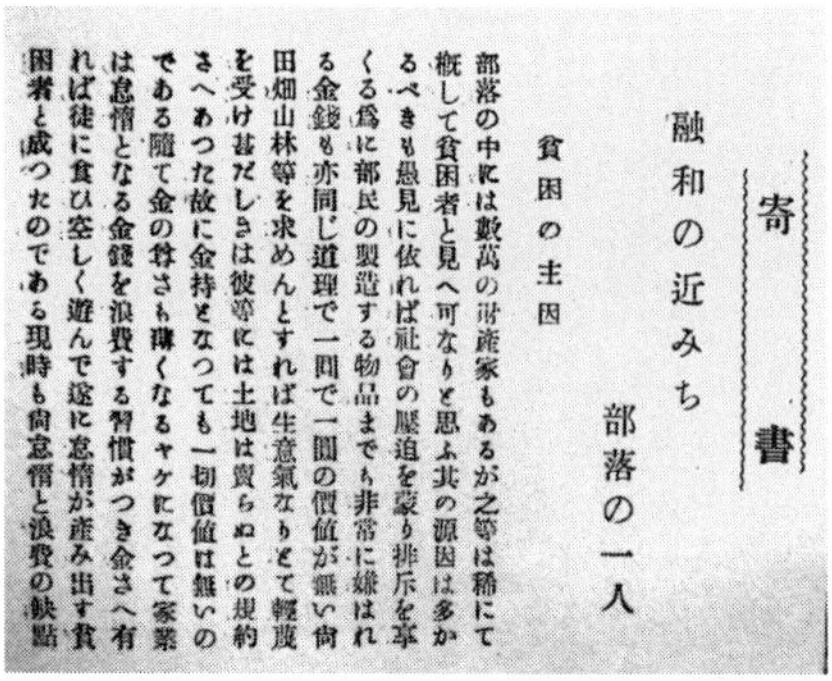

寄書

融和の近みち　部落の一人

貧困の主因

部落の中にも數萬の資産家もあるが之等は稀にて概して貧困者と見へ可なりと思ふ其の源因は多かるべきも愚見に依れば社會の壓迫を蒙り排斥を享くる爲に部民の製造する物品までも非常に嫌はれる金錢も亦同じ道理で一圓で一圓の價値が無い尚田畑山林等を求めんとすれば生意氣なりとて輕蔑を受け甚だしきは彼等には土地は賣らぬとの規約さへあつた故に金持となつても一切價値は無いのである隨て金の貯さも薄くなるヤケになつて家業は怠惰となる金錢を浪費する習慣がつき金さへ有れば徒に食ひ空しく遊んで遂に怠惰が産み出す貧困者と成つたのである現時も尚怠惰と浪費の缺點

「融和の近みち」（井上良一）『静岡県社会事業協会会報』第２号（静岡県立中央図書館蔵）

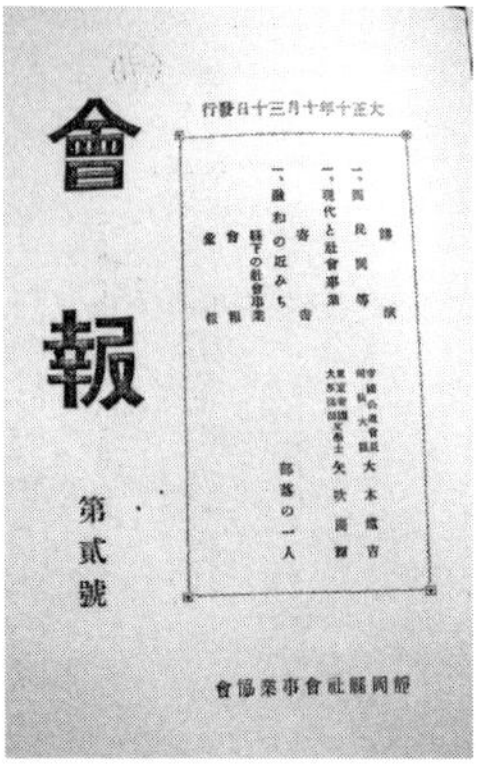

『静岡県社会事業協会会報』第２号（1921年10月）

より、職業や衛生状態の改善、教育の向上をめざし、「一般民との融和」をすすめようとした。

井上良一は「部落の一人」の名で「融和の近みち」を記した（『静岡県社会事業協会会報』二、静岡県社会事業協会、一九二一年）。ここで井上は、「社会と部落民と同時に双方より改善し車の両輪の如く進まねば融和は計り難い」とし、融和にむけて、部落からの議員の選出、改善実行委員の選出、地域改善事業の実行などを求めた。

この融和への思いの根本には、部落への圧迫と排斥に対する憤りがあった。このような思いを受け、改善事業がとりくまれた。

県社会事業協会は、島田・藤枝・浜松など各地で、帝国公道会会長の大木遠吉、保安課警部、県社会課嘱託の松井豊吉らの講演会を開催し、融和を宣伝した。北村電三郎と松井嘱託は、県内の各地部落を巡回した。

静岡県は一九二二年、官民一体の改善事業をすすめ、優良部落と改善功労者の表彰、改善事業への県費の補助などをおこなった。県内での改善事業としては、賀茂郡では部落民から町村吏員・小学校教員・名誉職員を挙げる、田方郡では会合やその他の機会に一般民と同席させる、富士郡では移転事業、榛原郡では各種の改善事業、小笠郡内では戸主会・青年会の設立と部落の視察、浜名郡吉野村では御料地の開拓などがなされた。

また、静岡県は一九二二年に方面委員制度を導入した。方面委員は五〇人ほどが選ばれ、部落の改善にもかかわった。

地方改善事業の展開

静岡県の地方改善費は、県直営と市町村営を合わせると、一九二一年に二万円ほどであったが、一九二六年には六万円台となり、補助率も二〇%から四六%近くに上昇した。地方での改善費は毎年増加し、補助率も上昇したが、この改善費の部落負担分は、財政難に苦しむ部落にとっては、重荷になった。

方面委員事務打合会（『静岡県社会事業協会会報』1922年11月）

静岡県社会課は一九二四年に『地方改善実例』をまとめている。そこには県内二〇地区の改善事業が紹介されている。

それによれば、田方郡川西（かわにし）村では信用組合の設立、石材切り出しによる資産の形成、富士郡大宮（おおみや）町では部落民衆を町内各所に散在させるという分離政策、静岡市では共同購入、児童遊園の設置、地区改正、寺院の改築、志太郡藤枝町と西益津（にしましづ）村では自治会・図書館の設置、生活改善・貯金の実行、道路の改修、家屋の移転、小笠郡中村では道路の改良、磐田郡梅原（うめはら）村では寺院の建立、浜名郡可美村では下水の改良、火葬場の改築、浜名郡吉野村では居住地の整理、無料診療所の設置などがなされた。

ここで小笠郡南山村での地方改善事業についてみてみよう。

南山村の部落は四三戸であったが、交通路は山越えの狭い道しかなく、不便な地にあった。主業は草履生産であった。一九二二年からトンネルを掘り、道路を改良する事業がはじまった。部落負担で浜松の勧業銀行などから六〇〇〇円を借りて工事をはじめた。当初は部落民二〇人から三〇人が自らツルハシで山を掘った。しかし工事ははかどらず、落伍（らくご）者が出た。南山村の有力者は私財を投入し、請負業者を雇った。労働者として南山にきたのは朝鮮人労働者だった。工事中、犠牲者も出、墓碑が建てられた。朝鮮人とともに部落民衆もトンネル工事に従事し、トンネルが開通した。トンネルは血と汗と涙の結晶だった。

　しかし村を借入金の償却問題がおそった。年々一戸、平均四〇円の負担になった。不動産のない者は郷里を捨て、浜松方面へと転出した。その結果、部落戸数は半減し、二十数戸になった。各戸への負担はさらに増加し、「泣くに泣かれぬ状況」へと追い込まれた。県から改善事業として借り入れ事業を新たに計画しても、これも不況で失敗し、償還ができず「裸一貫」の状態になった。負債にともない「職業改善」がなされた。

　地方改善事業が負債による生活の危機をもたらすこともあったのである。

改善事業の特徴

　一九二〇年代の地方改善費・改善事業の特徴をあげてみよう。

　志太郡以西の地域では一二地区が改善事業にとりくんでいるのに対し、志太郡以東では清水・庵原の二地区、田方の二地区、賀茂の一地区以外は、まったく取り組みがない。

　部落改善事業費は県直営分と市町村営分とに区分された。県直営費は当初、地方改良嘱託員費として計上され、のちに裁縫講習・徒弟養成費が入れられた。最終的には講習会・講演会・協議会などの費用とされ、裁縫講習・徒弟養成費は市町村負担になった。

　市町村営費として計上されて実施された事業の多くは、道路改良・地区整理・下水道整備・共同浴場といった環境整備事業であり、つぎに、職業指導・産業組合・裁縫講習がとりくまれ、文化施設については稀(まれ)であった。

実施地区への費用の投入に偏りがあり、小笠郡平田村、磐田郡梅原村、浜名郡吉野村に多くの改善費が投入された。部落負担分が部落経済を圧迫し、部落負債の増加につながったこともあった。一九二九年には新たに融和団体へと活動費が分配された。

行政による融和事業は、天皇のもとでの「融和協調」をめざすものであり、水平社運動に対抗するかたちで推進されたとみられる。

第二章　静岡県水平社の結成と差別糺弾

第一次世界戦争後の社会運動の世界的な高まりのなかで、日本でも労働者、農民、女性などのさまざまな運動がさかんになった。植民地地域では民族の独立の動きが強まり、日本帝国主義の打倒をめざす運動もすすめられるようになった。

このようなかで、一九二二年三月に全国水平社が結成された。その一年後の一九二三年三月には静岡県水平社が結成された。

1　静岡県水平社の結成

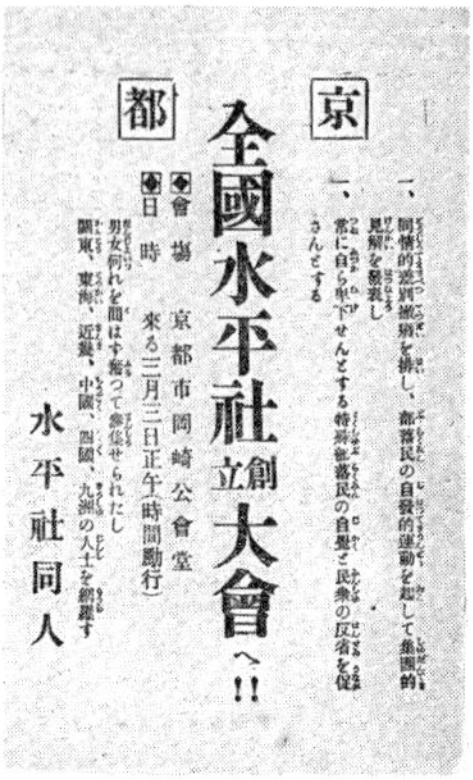

水平社創立大会の呼びかけビラ（水平社博物館蔵）

小山紋太郎と静岡県水平社

一九二二年三月の全国水平社の結成は、差別を徹底的に糺弾し、解放を求める民衆運動のはじまりを告げた。

全国水平社の創立大会は熱気と歓呼のなかで宣言と綱領、決議を採択した。それは、部落の民衆自身による絶対の解放を求め、経済の自由・職業の自由を獲得し、人間性の原理に覚醒し、差別への徹底的糺

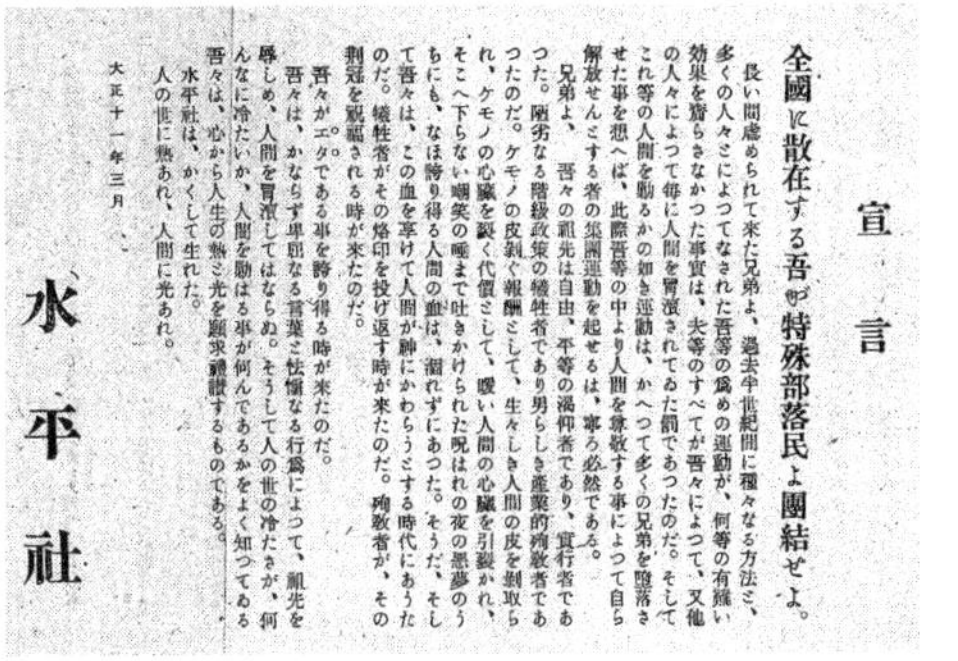

宣　言

全國に散在する吾が特殊部落民よ團結せよ。

長い間虐められて來た兄弟よ、過去半世紀間に種々なる方法と、多くの人々とによつてなされた吾等の爲めの運動が、何等の有難い効果を齎らさなかつた事實は、夫等のすべてが吾々によつて、又他の人々によつて毎に人間を冒瀆されてゐた罰であつたのだ。そしてこれ等の人間を勦るかの如き運動は、かへつて多くの兄弟を墮落させた事を想へば、此際吾等の中より人間を尊敬する事によつて自ら解放せんとする者の集團運動を起せるは、寧ろ必然である。

兄弟よ、吾々の祖先は自由、平等の渴仰者であり、實行者であつた。陋劣なる階級政策の犧牲者であり男らしき産業的殉敎者であつたのだ。ケモノの皮剝ぐ報酬として、生々しき人間の皮を剝取られ、ケモノの心臟を裂く代價として、暖い人間の心臟を引裂かれ、そこへ下らない嘲笑の唾まで吐きかけられた呪はれの夜の惡夢のうちにも、なほ誇り得る人間の血は、涸れずにあつた。そうだ、そして吾々は、この血を享けて人間が神にかわらうとする時代にあうたのだ。犧牲者がその烙印を投げ返す時が來たのだ。殉敎者が、その荊冠を祝福される時が來たのだ。

吾々がエタである事を誇り得る時が來たのだ。

吾々は、かならず卑屈なる言葉と怯懦なる行爲によつて、祖先を辱しめ、人間を冒瀆してはならぬ。そうして人の世の冷たさが、何んなに冷たいか、人間を勦はる事が何んであるかをよく知つてゐる吾々は、心から人生の熱と光を願求禮讃するものである。

水平社は、かくして生れた。

人の世に熱あれ、人間に光あれ。

大正十一年三月

水平社

水平社宣言（崇仁自治連合会蔵）

弾をなすというものであった。

この動きは、自らを改善し差別されないような人間になろうとする姿勢や、差別から逃げ出して身を隠す生活、同情心によって差別の解決を求めるような傾向などを克服しようとするものであった。

一九二二年三月二日から三日にかけて開催された全国水平社第二回大会には、静岡県からも参加した。参加者は、部落女性が侮辱されて亡くなったという差別事件をあげ、自らの活弁の職、言論をもって水平社運動に参加する決意を述べた。この発言は小山紋太郎のものとみられる。

小山紋太郎は一九〇三年に浜名郡天神町村（浜松市）で生まれた。高等小学校一年を修了後、麻裏草履の製造に従事し、日本楽器や木工会社などで働いた。

小山は水平社大会から帰り、三月末、静岡県水平社を結成した。四月には自宅に静岡県水平社本部の看板を掲げ、五月には発会式をもった。以後、小山は静岡県内で水平社を組織するとともに、全国水平社の中央委員として活動した。

小山紋太郎
（全国水平社の集合写真から。松本龍蔵）

一九二二年九月、県東部の三島町で役場吏員の差別発言に対し、部落民衆三〇人あまりが役場に抗議するなど、県水平社の結成前から、差別への抗議がおきていた。水平社の結成はこのような差別撤廃への動きを強めることになった。

静岡県水平社の活動がはじまった一九二三年五月、磐田郡役所は「地方改善ニ関スル件」を出した。そこで、神社・祭礼での差別の禁止、学校児童の差別観念の除去、教員が児童の取り扱いに注意すること、青年団などの団体で一部を排除しないこと、総代などの選挙や会合での差別の禁止、因襲的差別観念の除去にむけての融和促進機関の設置などを指示した。

行政も、差別的な取り扱いの中止を求める動きを示すようになった。

県水平社創立一周年大会

一九二四年五月一八日、静岡県水平社は創立一周年大会を浜松市の歌舞伎座で開催した。開催にあたり、浜松市内を、水平社本部の荊冠の旗を掲げ、花輪や自動車とともに小学生らが小旗を振って、練り歩き、ビラをまいて宣伝した。

そのビラにはつぎのように記されていた。

> 地上には、呪縛された者の呪いを返す叫声と、自由への道を喘ぎつつ鉄鎖の音の絶え間はない。かつては雨の道に下駄を禁じられ、他人の門を入るに草履さえ禁ぜられた跣足の人の子よ。実に歴史は解放の過程である。時代は移る。吾々の上に今、人間の旗が翳された。先年来の血と涙で染めあげられて今、終わりに近い人類前史の夜明けの広野に翻る。おお、三百万の兄弟よ、団結せよ。
>
> （「静岡新報」記事による）

このような呼びかけに応えるように、会場は水平社員と傍聴者で満員になった。開会を西村進が告げ、議長に小山紋太郎を推薦した。小山のあいさつのあと、石貝庄兵衛が一年間の差別事件と糾弾の経過を報告した。斎藤忠助、宮本彌一郎、石井小太郎は水平社の綱領、宣言、決議文を朗読した。田邊新一郎が全国からの祝辞や激励を読みあげ、野澤善夫は祝電を朗読した。協議で小山は、静岡県社会課に対し、その改善策が穏健で侮蔑的であり、解放の精神を受けとめて実行すべきとする決議をあげた。

大会での演説は、水野竹造（愛知）「俺達は人間だ」、高倉衆平（県本部）「社会への抗議」、中島米吉（関東）「吾等の運動」、広田嘉平（豊橋）「平等天地」、米田富（全国水平社本部）「蒙を啓け」、増田久江（京都）と続いた。

一〇歳の増田久江（一九一四年生まれ、京都）は、少年少女水平社の代表として、満場の拍手を受けて登壇した。増田は、声を張りあげ、「同じ人間でありながら、他の人びとと差別的に取り扱われて惨たらしい日を送っているのはなぜでしょう」と徳島での離縁の事件を取りあげ、社会の因襲が女性を精神的に殺している実態を告発した。さらに排日問題のなか、国内では差別があり、奈良では任侠団体との対立（一九二三年の水平社と国粋会の衝突事件）がおきたことを話し、水平社の運動は闘争のためだけにおこなっているのではないと訴え、喝采のなか、降壇した。

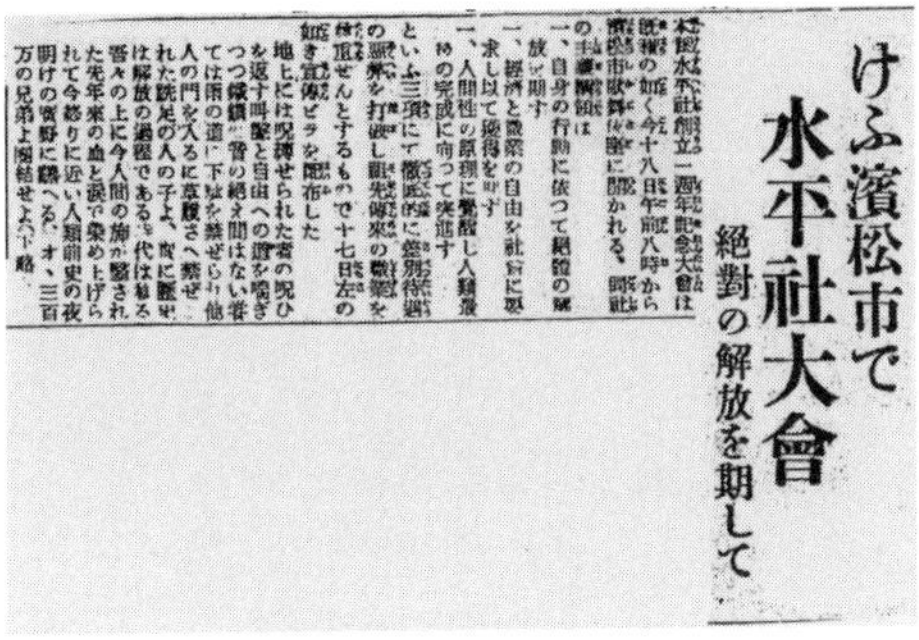

けふ濱松市で
水平社大會
絶對の解放を期して

浜松での静岡県水平社創立１周年大会
（「静岡新報」1924年５月18日付）

さらに、平野小剣（全水本部）「世界的水平運動」、村岡静五郎（関東）「水平運動の意義」、南梅吉（全水本部委員長）「改善より解放へ」などの演説が続いた。

このように水平社一周年大会は盛況であった。地元の新聞には「人類差別撤廃を高唱」、「迸り出る熱血の叫び」、「人類愛と人間自由を絶叫」などと記されている。

この県水平社創立一周年大会の翌日には、関東水平社連盟島田支部（島田水平社）が創立された（支部長・九島作一）。このころ島田では、二件の差別への糾弾をおこなった。また、一二月には「四民平等」の意義を示す明治天皇の遥拝碑を建設した。このような動きに対し、警察は水平社員の作成した水平歌の発売を禁止し、三九部を差し押さえた。

静岡県水平社は一九二四年、県内で「水平新聞」を七九五部配布する態勢を確立した。

一九二三年後半には全国水平社内で青年層への共産党の影響が強まり、二三年一一月には大阪で全国水平社青年同盟が結成された。三重県水平社で二四年一月、青年同盟が主導権を握るなか、愛知、岐阜、静岡の水平社は二四年四月、名古屋市の御園座で第一回の東海水平社大会を開いた。同年一一月には三重も参加し、東海水平社第二回大会を名古屋市の京桝座で開催した。この集会には静岡から小山紋太郎や杉浦繁尾（茂夫）が参加した。

一九二四年一二月、全国水平社府県委員長会議が大阪でもたれ、静岡からは小山紋太郎が出席した。この会議で「警視庁スパイ事件」の査問もおこなわれ、平野小剣と南梅吉の勇退、米田富の陳謝・謹慎、本部員の引責辞職が決定された。小山はこの決定に反対して退席した。

この問題で全国水平社は関東・東海を中心とする旧本部派・アナキズム派（アナ派・無政府主義）と関西を中心とするボリシェビキ派（ボル派・共産主義）に分岐し、全国水平社内部での対立がすすんだ。この事件に際し、関東水平社内での平野・南への責任追及は弱かった。

融和対策の動きをみておけば、一九二四年一〇月、県社会事業協会内に地方改善実行委員会が設置され、一一月には県社会事業協会内に融和部が新設された。改善実行委員会は、島田以西の一六地区の六四人の委員で組織され、部落の代表、他地区からの代表が参加した。この委員会は翌年二月、留岡幸助の講演会を開いた。

県内各地で水平社の結成

全国水平社内での対立がすすむなか、静岡県では一九二五年、浜松の小山紋太郎ら県水平社本部による組織活動が、平野小剣・南梅吉ら旧本部派の支援を受けて、すすめられた。

県内各地での水平社の結成状況をみていこう。

一九二五年二月、志太郡岡部町で岡部水平社（支部長・稲木文蔵）が設立された。七月には岡部町の立石神社での祭典仲間からの排除など、氏子差別への糾弾をおこない、差別を撤廃させた。岡部水平社は六月から毎月一日を水平デーとして宣伝活動をおこなった。また、青年連盟を組織し、「自由新聞」を販売した。

八月には、岡部町長の後援を受けて講演会を開催した。講演会には各戸から参加した。講演会は、地元の宮崎傳次郎の開会の辞に続き、石井小太郎「不合理な差別」、杉浦繁尾（茂夫）「人間闘争の絶滅」、小山荊冠（紋太郎）「原始的人間生活に還れ」、小山菊太郎「人間礼讃」、平野小剣「人間至上主義」、南梅吉「解放の話」などの演説がなされた。水平社の青年たちは自転車宣伝隊で、前日から宣伝した。

東海聯盟水平社春季大會
きのふ濱松市に於て
眞先に増田久江さんの登壇

東海聯盟水平社第三回春季大會は昨十五日午前十時濱松市下後道濱松座に開會齋藤忠氏の開會の辭に次ぎ滿場一致を以て小山紋太郎氏議長に推薦せられ直に石井小太郎氏綱領を朗讀し杉浦重殿氏決議文を朗讀齋藤同人氏は全國各水平社よりの祝辭應援電報電文を朗讀し終つて濱松市長渡邊素夫氏の祝辭演説ありて正午休憩午後一時より増田久子（二一）嬢外十數名の辯士交々登壇大獅子吼し多大の感動を與へたが當日の聽衆は無慮五百餘名に達し却々の盛會裡に午後三時閉會した

綱領

一、特殊部落民は部落民自身の行動に依つて解放を期す
一、吾々と特殊部落民は絶對に經濟の自由と職業の自由を社會に要求し以つて貫徹を期す
一、我等は人間の原理に覺醒し人類最高の完成に向つて突進す

決議文

一、吾々に對し穢多及び特殊部落民等の言行に依つて侮辱の意志を表示したる時は徹底的に糾彈を爲す
一、吾々祖先傳來の職業は社會構成の必要なる事を認め飽くまで尊重す
一、靜岡縣社會課に對し從來の恩恵的侮辱的改善策を撤廢し新たに解放精神の意得に其實行を期する事を提議す

右決議す
大正十四年三月十五日
東海聯盟水平社大會

東海連盟水平社第３回大会の記事
（「静岡民友新聞」1925年３月16日付）

同年二月、磐田郡二俣町で二俣水平社が結成された。支部長の堀尾寅吉は浜松からの転出者だった。四月、二俣町大正座で発会式をかねての水平社大会を開催し、宣伝・講演をおこなった。そこで平野小剣・南梅吉らが演説した。七月には、消防祭典仲間には加入させずに祭典費を賦課するという差別を、水平社が糾弾し、加入を実現させた。

三月、愛知、岐阜、静岡の水平社東海連盟の第三回大会が、浜松市の浜松座で開催された。大会では、斎藤忠助が開会を宣言、小山紋太郎が議長を務めた。浜松市長・渡邊素夫も祝辞を述べた。講演では、増田久江ら十数人が熱弁をふるった。参加者は五〇〇人に及んだ。

小笠郡掛川町では、三月に大池西支部（支部長・服部節次）、八月に

群馬県での関東水平社第２回大会（1924年３月）。中央のステッキが南梅吉、その右が平野小剣、南の左が山田孝野次郎、その左が松本治一郎（本田豊蔵）

は大池東支部（支部長・宮下利巧）が結成された。三月、大池での大池西支部員への逓信省電信工による差別発言を糺弾した。四月、水平社宣伝演説会を大池の大栄館で開催し、平野小剣、増田久江らが発言した。五月の大池村と掛川町の合併には部落代表が交渉委員として活動した。七月、大池水平社員の女性五人への差別事件が発生したが、警察の放任に抗議して糺弾し、謝罪させた。浜松の県本部もこの行動を支援した。

八月の大池東支部の結成により、八月一六日、大池東西水平社連合大会が掛川町の掛川座で開催された。集会は朝からの暴風雨と警察権力の警戒・監視のなかでもたれた。会場には青竹槍（たけやり）に結ばれた荊冠旗が林立した。

集会は、服部一郎の開会の辞にはじまり、座長を宮下利巧が務め、綱領を服部元一、宣言を服部小平、決議を服部鯉次郎、祝辞を柳沢政一、祝電を斎藤忠助が読んだ。県婦人水平社代表の石井ふじ枝・小山いし子の祝詞も朗読された。集会で浜松の斎藤忠助は、静岡県社会課の改善実行委員・方面委員制度による水平社運動への妨害に対し、改善実行委員の撤廃を求める動議を出し、可決させた。また杉浦繁尾は正服・私服の官憲による弾圧と警戒に抗議し、退場を要求した。

この演説会では、少年・高倉寿美蔵（たかくらすみぞう）「人間冒瀆（ぼうとく）」、小林治太郎（こばやしじたろう）（次太郎）「弱者に栄光あれ」、青木熊治郎（熊次）「危険視する者危険」、杉浦繁尾「人間のために戦え」、長谷川清吉（米吉）「圧迫と戦え」、小山紋太郎（荊

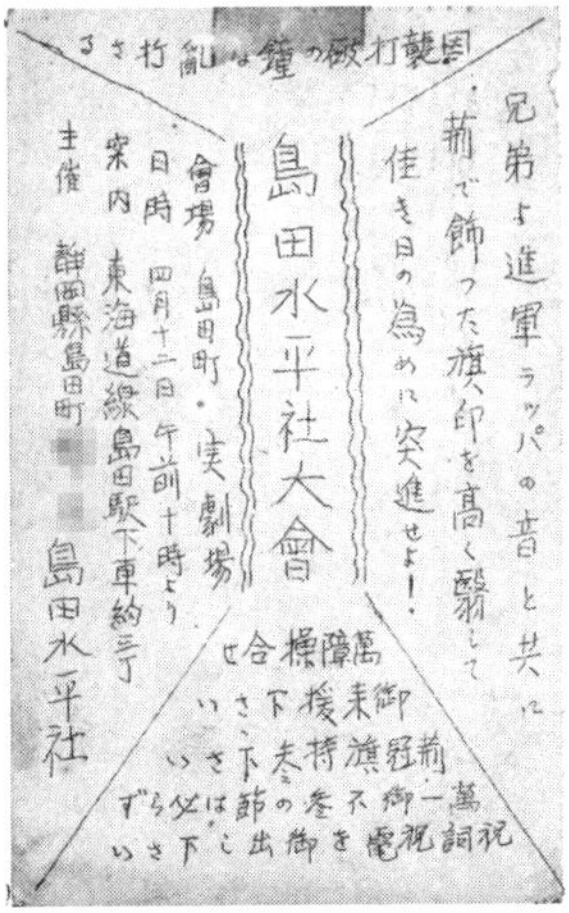

島田水平社創立１周年記念大会（1925年４月12日）の案内はがき（一部加工。水平社博物館蔵）

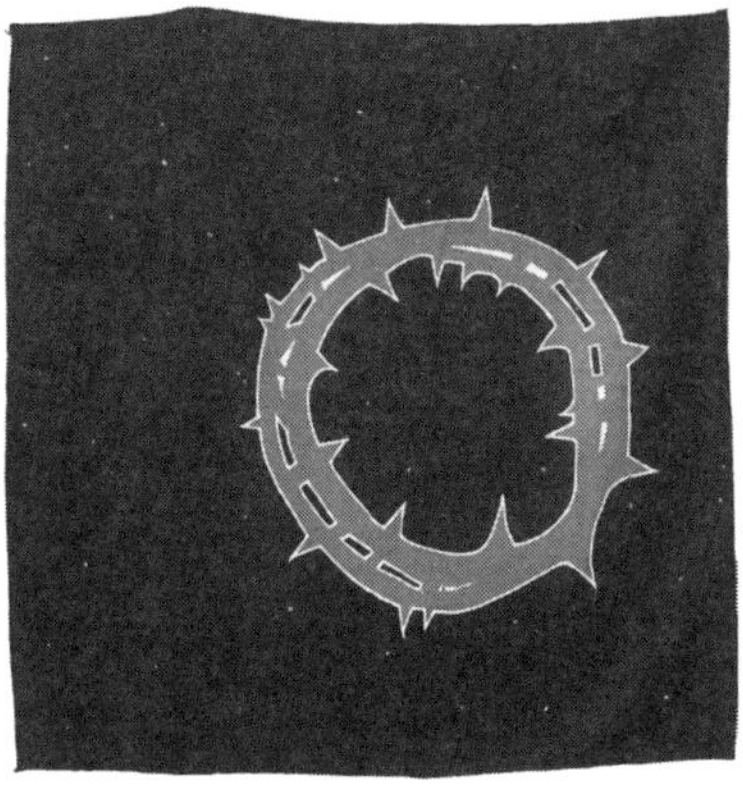
静岡県小笠郡笠原村で結成された水平社の荊冠旗（部落解放同盟静岡県連合会蔵）

冠）「自由社会の建設」、北原泰作「水平運動の本流」、小山菊太郎「暗黒社会より脱せよ」、平野小剣「現実を直視して」、南梅吉「被差別階級の解放」といった演説がなされた。夜には宮下宅で座談会を催した。集会には五〇〇人ほどが参加した。

一九二五年四月、島田水平社の創立一周年記念大会がもたれた。平野小剣、南梅吉、北原泰作、西光万吉らが演説した。五月には小笠郡南山村で水平社（支部長・今坂正八）が結成された。六月には榛原郡川崎町で川崎水平社（支部長・鈴木文蔵）、磐田郡梅原村で梅原水平社（支部長・村上文太郎）、小笠郡平田村で平田水平社が結成された。

六月六日の川崎水平社創立大会では、北原泰作、増田久江、辻本晴一（埼玉）、平野小剣、南梅吉らが演説した。

磐田郡梅原村では警察官が自転車の無燈火をとがめ、差別し暴力をふるった。それに抗議する動きのなか、六月七日、梅原水平社が結成された。同日、小笠郡南山村で講演会がもたれ、平野小剣、辻本晴一、小山紋太郎、凧幸次郎らが演説した。また小笠郡平田村でも宣伝演説会がもたれ、同じメンバーが演説した。そこでの有志座談会により、平田水平社が結成された。

このほかに、榛原郡相良町に相良水平社（富山源四郎ら）や中村水平社（松下伊之吉ら）、静岡市に静岡水平社、清水に江尻水平社などの動きがあり、このほかにも富士郡大宮町、浜名

「自由新聞」第1号（1925年6月10日付）
（「自由新聞」1～4は京都大学経済学部図書館蔵）

郡可美村などにも呼応する人びとがいた。このように県内で水平社運動は広がっていった。

六月一〇日、静岡県水平社支部長会議（島田町ホテイ屋貸席）がもたれ、「自由新聞」の発展策、巡回講演会の開催、青年連盟の組織化などが協議された。

水平社は八月、小笠郡大池、磐田郡梅原、志太郡岡部、榛原郡川崎、相良、浜松市、静岡市など県内各地で講演会をおこなった。

磐田郡梅原の講演会では、見付署の巡査が朝から部落内を巡回して監視、会場となった寺院を占拠して妨害した。これに対し水平社は同村の頼実万作（よりざねまんさく）宅の庭で講演会を開催した。そこで小山紋太郎・小山菊太郎・杉浦繁尾ら浜松のメンバーと平野小剣・南梅吉らが演説した。

静岡市では融和政策により改善事業と町名変更がすすめられ、警察署長が水平社加入を妨害した。これに対し、県水平社本部は講演会を主催して水平社を支援した。

八月の浜松市の講演会では、北原泰作「宗教の本質」、平野小剣「普通選挙の是非」、加藤天軒「改善事業のカラクリ」、南梅吉「改善家の正体暴露」らの演説がもたれた。平野は世良田（せらだ）村事件にも言及した。

一九二五年五月には、山梨県で水平社が結成されたが、浜松から小山と杉浦が参加し、演説した。

小山紋太郎は一九〇三年一〇月生まれであり、一九二五年の時点で二二歳だった。県内各地の水平社の支部長の出生年をみれば、岡部の稲木文蔵は一八八六年生まれ、梅原の村上文太郎は一八九四年生まれ、島田の九島作一は一八九五年生まれ、二俣の堀尾寅吉と掛川の宮下利巧は一八九七年生まれ、榛原の鈴木文蔵は一八九八年生まれ、掛川の服部節次は一九〇一年生まれである。二〇代から三〇代の青年が活動を担っていた。新しい世代による解放運動がはじまったのである。

「自由新聞」の発行

このように県内で水平社結成がすすむなかで、一九二五年六月に「自由新聞」が発行された。この「自由新聞」の編集発行人は静岡県水平社の小山紋太郎であり、編集局を小山の住む浜松市に置いた。発行所は志太郡島田町としたが、それは島田の実業家・加藤弘造が発行を支援したからである。この「自由新聞」は三〇〇〇部が印刷されたという。あとにみるように、この「自由新聞」は愛知、岐阜、長野、京都、関東、静岡などの全国水平社自由青年連盟にかかわる水平社の機関紙の役割をもった。

大正十四年六月十日　自由新聞　第一號

全國水平社第四回大會記

荊冠生

◇大會前記◇

「自由新聞」第１号、小山による全水第４回大会報告記事

小山紋太郎は、「自由新聞」の第一号の発刊の挨拶で、因襲的迷信の要塞を殲滅しなければ、われらの人間性は依然として蹂躙され、霊魂は冒瀆されるとし、「兄弟よ！因襲的迷信の要塞を撃破するために絶大の力を籍さんことを希ふ」と呼びかけた。発刊の挨拶の横には「人間は尊敬すべきものだ！」「村より郡へ郡より県へ県より全国的に団結せよ！」と記されている。小山にとって「自由新聞」は「言論機関の巨弾」だった。

「自由新聞」の第二号には「人間は絶対に尊敬すべきだ」というスローガンを掲げた。巻頭言では、相互扶助を重視し、搾取や収奪をなくし、差別や

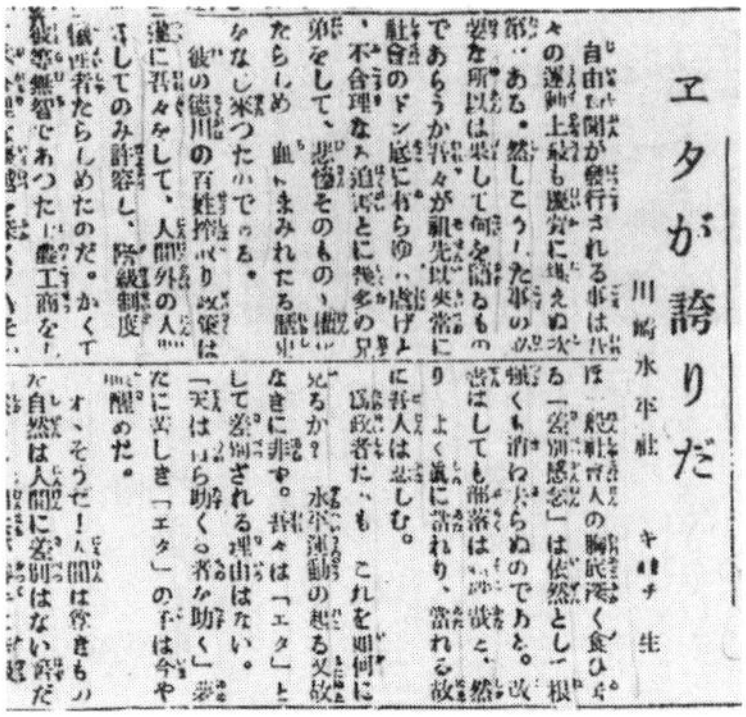
エタが誇りだ
川崎水平社

川崎水平社員の記事
（「自由新聞」第１号）

水平運動は單なる差別撤廢ではない
静岡同人　杉浦繁尾

杉浦繁尾の記事
（「自由新聞」第２号）

人間への冒瀆を廃止していくと記した。第三号では、人間性の原理に覚醒し、人類最高の完成を目指すこと、自由な人格に適する社会を建設していくとした。第四号では「灼熱せる信念と燃ゆるが如き友愛の情操を以て猛進しなければならぬ」と決意を記した。

第三号で小山は、「自由新聞」が人間と社会の悪に対して「言論をもって戦う機関銃」であり、「人間礼讃を高調」し、「人間悪を革正」し、新たな社会を建設することを呼びかけた（荊冠生「悪に対する糺弾」）。

このように小山は人間の尊重と差別の撤廃への思いを記したわけであるが、その思いに呼応する人びとが各地にいたのである。

「自由新聞」第一号に掲載された「エタが誇りだ」で、榛原郡川崎町の水平社員はつぎのように記した。「「エタ」の子は今や目醒めた」「オオそうだ！人間は尊きものだ」「人間共が勝手に階級をつけたのだ」「吾々は茲に人間を礼讃するこの水平運動をなす事によって全べての社会に於ける不合理なる「差別観念」を除去せねばならぬ」「自然の水平線上に彼我共に相互扶助の「よき日」を構成せねばならぬ」「神の与えし水平運動は吾々の使命であり生命である」「オオ兄弟よ！吾々は「エタ」の名をして永久に誇りえるのだ」と。

第四号にはつぎのような記事がある。「吾々も人間意識に目醒めた」「団結も徹底的糺弾も弱き者が、強大な敵に対する協力的唯一の方法」「不合理なる賤視差別の観念を除去し、相互扶助を徹底的に理解せしめ、人間正義の意識に甦らす為めに行う」（川崎、石川不学「融和屋の陋劣」）

小山とともに活動をはじめた浜松の杉浦繁尾（茂夫）は、第二号の「水平運動は単なる差別撤廃ではない」でつぎのように記した。水平社は「人間の凡てが呪縛されたる鉄鎖を断ち切って、人類最高の完成に向って突進する崇高な運動」「真の世界平和の建設は、互いに人間が尊敬し合う此の水平運動が、全世界に行き渡ったとき初めてそこに世界の平和（よき日）が実現されると云う事」「世界の平和建設の為めに飽まで徹底的に戦はなければならぬ」と。

水平社運動はこのような人間愛、人権と平和への使命感とともにひろがった。

加藤弘造は「自由新聞」の発行を支援するとともに「平等新聞」を発行した。その「平等新聞」第一〇号での加藤の記事「社会運動現勢」によれば、県内で一九二五年末までに一六か所に水平社が設立された。

「平等新聞」第８号（1926年１月１日付）
（京都大学経済学部図書館蔵）

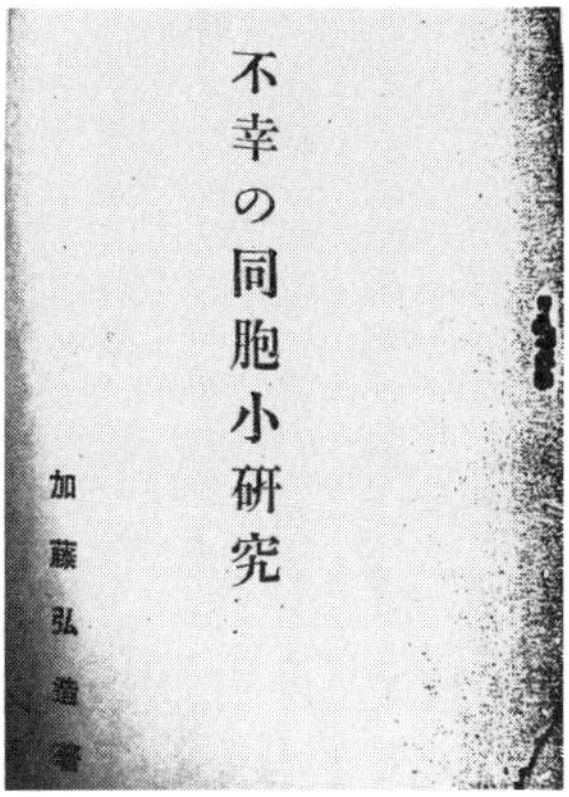

加藤弘造『不幸の同胞小研究』

加藤は部落問題について調べ、一九二四年に小冊子『不幸の同胞小研究』を出した。当時、加藤は小山たちの水平社運動を支援し、社会運動に参加していた。

このような水平社の結成の動きに、吉野村の北村電三郎は危機感をもっていた。北村は天皇への奉公会や奉慶貯金をすすめ、改善運動をすすめてきた。北村は一九二四年二月に、吉野村での改善事業によって藍綬褒章を受けたが、東京から帰村した際、水平運動は階級打破を叫んでいるようだが、過激な運動には大反対であり、むしろ階級を認め、等しく「陛下の赤子」であり、努力と才能によってある階級には達することができると語った。

北村は県社会課の支援を受け、一九二五年五月、茗荷信三、三浦権三郎、井上良一、中島源次郎、青木要五郎らと静岡県融和連盟を設立した。この連盟は、帝国臣民の大義によって同胞相愛の道義のもと、融和の実現をめざすというものだった。そのために講演会、地方改善施設視察、調査・研究、建議・陳情などをおこなうとした。県内各地で水平社が結成されていた時期での設立であり、県水平社は水平運動を切り崩すものと反発を強めた。

融和講習会への抗議

一九二六年一月、中央融和事業協会、静岡県社会課、県社会事業協会の共催により、浜松で融和講習会が開催された。

講習会では、喜田貞吉（京都大講師）「融和に関する歴史的考察」、加藤咄堂（東洋大）「文化の進展と融和の精神」、松井茂（元静岡県知事）「社会奉仕と青年」、松元稲穂（修養団）「体育と精神鍛錬」、守屋榮夫（内務省社会局）「内外の情勢と国民の覚悟」、三好伊平次（内務省社会局嘱託）「融和運動の過程」、谷龍之介（中央融和事業協会）「融和事業概論」、村松俊一（静岡県農林課）「産業組合に就て」などの講演がおこなわれた。講習会には一般と部落の青年七二人が参加した。

参加者は、太鼓の合図で「ヨイショ」のかけ声を出して起床し、鉢巻、軽装、裸足で駆け足、五社神社に参拝、「国民体操」を実施し、修養歌「夕静けき」を合唱した。その後、朝食をとり、講習を受けた。講習会は寸分の余地のないかたちでおこなわれた。夕食後は唱歌、感想、質問応答の時間をすごし、一〇時に太鼓を合図に就寝した。

県社会事業協会の会報には「最初は非常に猛烈過激なる意見などありしも、漸次相理解し、終には肝膽相照らし昨非を痛恨し、将来を誓い、声涙共に降るものあり」と記されている。

講習会のねらいは「過激思想」の「融和」にあった。しかし、講習中に「赤本」を読む者、「三好講師は何を言っているのかさっぱりわからない」というつぶやきもあったという。

県水平社は、一九二四年の小笠郡大池村東西水平社連合大会で「県水平社が起こるや静岡県社会課は改善実行委員、並びに方面委員を設けたが、彼等は至る処に我々の運動を妨害して居る。これは明らかに政府の指しがねであって、水平運動に反動的行動を取って居るものであるが故に、社会課に対し速かに改善実行委員の撤廃を抗議されたい」という趣旨の動議を可決するなど、融和政策を批判していた。

この融和講習会に対し、静岡県水平社幹部と水平運動を研究していた近藤恭一郎らは抗議行動をおこなった。

平等新聞

吾等の言葉

喜田博士の迷蒙を醒す

近藤水平問題研究所

近藤水平問題研究所の案内（平等新聞）
（法政大学大原社会問題研究所蔵）

近藤は喜田貞吉の「特殊部落研究」（『民族と歴史』二―一）の誤りを糺そうとした。しかし喜田は帰京、近藤らは三〇分でよいから時間を与えるよう要求したが、谷・三好らはこれを拒否した。水平社と近藤らはこのような対応に抗議した。講習生からも批判の声があがったという（「自由新聞」埼玉、第二号、一九二六年二月）。

当時、近藤恭一郎は袋井で水平問題研究所を主宰していた。近藤は融和運動を批判し、水平運動の側で発言し、「平等新聞」や「自由新聞」（埼玉）などに記事を寄せた。

一九二六年八月には、東海部落問題研究会の主催による「部落解放

自由新聞　第壹號　2

反動、反動、反動？

寅歳偶感

近藤今日一路

融和改善運動とは水平運動の破壊であり妨害である

近藤恭一郎の記事
（「自由新聞」埼玉、第１号）
（『初期水平運動資料集』５より）

大講演会」が静岡市若竹座で開催された。近藤恭一郎は静岡の山本林之助と研究会を運営した。そこでは、河上正雄（かわかみしょうゆう）「水平運動の必然性」、滝川政次郎（たきかわまさじろう）「日本賤民史」、近藤恭一郎「部落残虐史を述べて融和運動に及ぶ」、松本君平（まつもとくんぺい）「解放運動」、有馬頼寧（ありまよりやす）「自己完成としての部落解放運動」などの講演がおこなわれた。

有馬頼寧や河上正雄は一九二一年に同愛会を設立し、一九二五年には全国融和連盟に参加していた。近藤は同愛会の雑誌『同愛』にも寄稿した。

2　差別糺弾闘争の展開

静岡県水平社の結成とともに差別糺弾の闘いがすすめられた。

一九二八年二月、静岡県水平社本部は『水平運動第五年度　差別事件経過報告書』を発行した。この冊子はガリ版刷りの二〇ページほどのものである。ここには一九二〇年代の全国の差別事件と静岡県の差別事件の事例が記されている。

この冊子での記事を中心に他の史料を加え、軍隊・教育・結婚・地方自治・神社祭典・日本楽器争議の順に、差別の状態と県水平社の糺弾闘争についてみてみよう。

軍隊・教育での差別糺弾

軍隊で、部落出身の兵に対して侮辱する言葉を吐いたり、進級を遅らせたり、靴工卒に多くを採用するという差別的な待遇があった。そのような差別に耐えかね、脱営や自殺に及ぶこともあった。水平社は、軍隊内での差別を問題にし、糾弾する闘いをはじめた。

浜松には、一九〇七年に陸軍の浜松連隊区がおかれ、翌年、歩兵第六七連隊が移駐した。この連隊は一九二五年に廃止されたが、翌年、陸軍の飛行第七連隊が移駐した。この浜松の軍隊での差別についてみてみよう。

陸軍の浜松連隊の司令官が、司令部で浜名郡吉野村出身の兵士に対し「部落民を軍人にとらぬと世論がやかましいからとる。とって何にするかといえば、戦争の弾よけにする」と発言した。これに対し、水平社員が抗議した（一九二三年）。

浜松連隊の近くの部落に対して、兵士が通行中に差別発言を繰り返した。これに対し水平社員が糾弾し、軍隊側は差別を監視するとした。

浜松からは豊橋の歩兵第一八連隊に徴兵されるものが多かったが、そこでの差別糾弾もおこなわれていった。社会運動の高まりと水平社の結成により、軍隊そのものへの批判意識も形づくられていった。

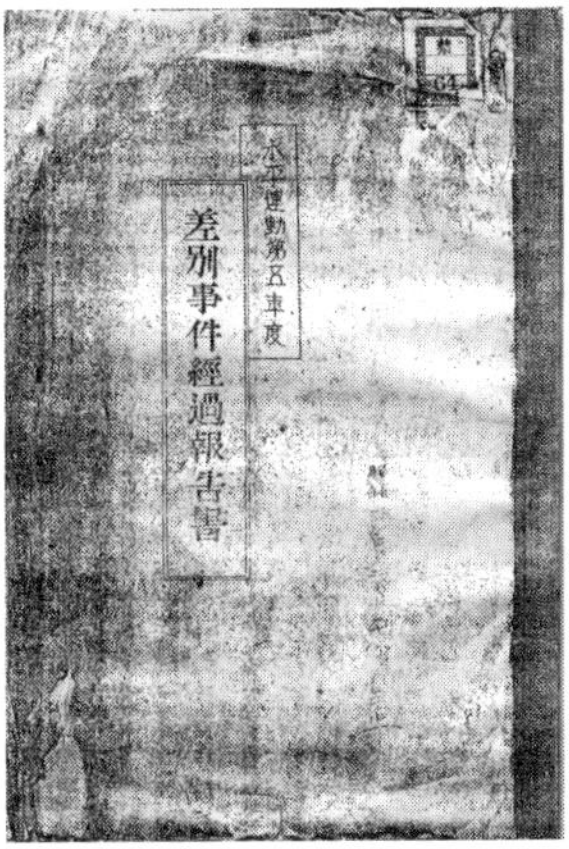

『水平運動第５年度 差別事件経過報告書』（国立国会図書館蔵）

教育での差別についてみてみよう。教育では、部落だけで小学校を独立させて経営させたり、座席を分離したりすることがあった。また、侮辱する事件が頻繁におきた。

浜松市の相生（あいおい）小では一九二八年五月、訓導が水平社員に対し差別発言をおこなった。これに対し、県水平社は県学務部長に抗議した。浜松師範附属小学校では、校内で部落の子どもにだけダンスを教えなかったという。他の地域では、座席を部落の子どもだけ特別に並べるといった差別があった。

「水平新聞」によれば、一九二八年三月、浜松市の追分尋常小五年の木村福一少年が殴打により、死亡した。三月の卒業式の日、これまで木村少年を差別しつづけてきた同級生が差別発言と殴打を加えた。これに対し木村少年は殴りかえした。見ていた同級生二人が止めに入った。同級生は止めに入った二人にむしゃぶりつき、逆に二人によって泣かされ、家に帰った。これに対し、同級生の父母が駈（か）けつけ、木村少年をののしり、ゴム足袋（たび）や下駄で殴る蹴るの暴行を加えた。

学校側が応急手当をしたが、木村少年の家庭には連絡しなかった。二、三日後、木村少年が極度の頭痛を訴えたことから、親は事件を知った。木村少年は入院したが、骨膜炎・急性脳膜炎で死亡した。親は告訴したが、融和関係者が告訴を取り下げさせた。この事件を浜松水平社は糺弾した（「水平新聞」二三、一九二八年）。

木村少年の出身地は差別事件が多発しているにもかかわらず、水平社は組織されず、融和運動が支配した地区であった。

浜名郡吉野村では小学校は独立して経営させられた。そのなかで、村民の就学への願いにより、授業料を廃止し、貧困児童の救護規程を設けて、学用品を支給する制度をつくった。

小笠郡中村では、一八九〇年ころまで部落民は小学校に入れなかった。村長が「行く必要はない」と就学を否定した。一九二〇年代中ごろになっても、一般の子どもたちと運動場でともに遊ぶことができず、高等科に行く子どもはまれだった。遊びたくても一般の子どもは「おまえら、むこうへ行け」と言い、部落の子どもとしか遊べなかった（聞き取りによる）。

小笠郡大池村においては、一八七五年から九三年にかけて小学校は部落のみ別の分教場を設置していた。その後、本校へと統合された。

榛原郡川崎町では、小学校一年生のとき、遊戯をやるとき一緒に手をつなぎ、輪になってくれる人がいなかった。理由は「きたない（けがれている）」ということだった。そういう体験は心の底にしみ込み、いまでも思い出される。遊んでくれないし、排撃された（聞き取りによる）。

このような分離教育や侮辱発言に対し、差別をなくすための取り組みがなされた。

結婚での差別糾弾

浜名郡可美村の男性が近くの寺脇村の女性の自殺を救助した。それが縁となり互いに愛しあうようになった。しかし、女性の伯母の周囲が反対したため、浜松署長が仲介し、別離させた。二人は死を決意したが、県水平社が中に入って円満に解決し、子どもが一人生まれた。

榛原郡川崎町の二二歳の男性と部落の女性が恋愛した。男の側の父が二人の関係を引き裂き、男を東京へと追いやった。しかし、二人は一九二七年八月に浜名湖の弁天島で遺書を残して心中した。川崎水平社員は二人のために「白骨の結婚宴」を開き、追悼した。

小笠郡平田村の部落出身の女性が、土木請負業者と一〇年ほど結婚生活を送っていた。しかし、出身を理由に殴られて血を流し、村へ逃げ帰った。女性はそれが原因で精神を病んだ。

一九二二年一一月の静岡ほか三郡の方面委員の会議では、結婚前夜に新郎が逃亡した事件が報告されている。

地方行政での差別糾弾

このころ、行政では、部落の道路を改修しない、村会や区会の議員を出させない、共有財産の分配に預からせないという差別があった。「解放令」以降も、寺の過去帳に部落民の印をつけるなどの差別がみられた。

島田の明治天皇遥拝碑

一九二四年、島田で水平社が結成されたころ、栃山川の水害に対し、町行政へと実力を背景とした示威がなされた。栃山川が出水した際、下流に堰があり、水を下流に流すことができなかった。そのため水害の原因となっていた堰を破壊しようとしたのである。部落民衆の要求を町がとり入れようとしないことへの抗議であったが、その後、改善された。

島田での水平社結成の動きのなかで、地区の青年会は「四民平等」を求めて明治天皇の遥拝碑を建てた。以後、町民祭を開き、花火・相撲・遥拝などをおこなった。

小笠郡大池村では部落への洪水防止のために、一九〇〇年に三〇〇〇円の工費をかけて、堤防を完成させた。しかし対岸の区から堤防の高さに対し、県へと異議申立が出された。紛争となり、県議が仲介し、堤防を上から一尺分削りとることになった（『大池村村誌』）。

小笠郡中村では一九一七年に、県社会課と交渉し、地区で農工銀行から九〇〇〇円を借り、一九二一年から二二年にかけてトンネルをつくった。これに対し、トンネルの向こう側の区民が反対した。賛成したのは三九戸のうち数戸だけだった。理由は「道ができると果樹が部落民に食べられ減るから」というものだった。トンネルをつくるにあたり、ある家の所有地を二五坪から三〇坪とることになるため、当該の家が反対し、印を押さないという事態も発生した。県議が仲介し、県議の所有する山林の一部と交換することで話がついたという。トンネルができる前は、狭い道を山越えして他の地区と交通していた。

地域の改善事業は経済負担だけでなく、周辺地域の無理解をのりこえての実行であった。

磐田郡梅原村では差別によって村の独立経営を強いられてきた。学校は独立して経営できないため、中泉町の学校に登校していた。中泉町で女子部が結成されると、それを理由に三か月間で一五〇〇円を徴収された。村の役場は独立財政が困難であったため、中泉町役場に併設されていたが、中泉町はそれを理由に町費の一一分の一を負担するように求めた。このため中泉町への併合を申し出たが、梅原村の前に火葬場を移転することを求める話も出たという。それに対し水平社は対策を練った。

浜松市内北方の部落では、町内の総代選出での機会均等、白山神社の合祀や共同浴場の設置などの改善事業がすすめられた。しかし、部落の氏神を本町の氏神に合祀するにあたって一〇〇〇円あまりを徴収された。また、部落に限って予防薬を配布しないことや町の衛生予防の会報に差別記事が掲載されたこともあった。一九二八年二月、本町の消防組で選挙ビラを部落にのみ配らないこともあった。

これらの差別に対して、この地域には水平社が確立していないため、浜松の水平社本部が糾弾した。一九二四年から翌年にかけて共同浴場を起工したが、費用の五割は地方改善費から補助され、残額は部落負担とされたため、返済に困る状態も生まれた。

「模範村」として宣伝されていた吉野村では、学校・役場とも独立して経営しているため、村税負担が増加した。税を逃れるために近くの地域に移転する者が増えたことから、地域に残った住民の税負担が増加した。他地区へ転出した児童への差別もあった。

幕藩体制下、部落民の居住や職業が統制され、墓地は部落内におかれた。新政府成立後、差別によって職業や結婚の自由が制限され、部落外への居住がすすまなかったために、人口が増加し、密集するようになった。県が部落の墓地を「衛生上有害」と撤去するように求めたこともあった。共有地を墓地として使用する案に対しては、村の有力者が反対したため、墓地の移転先がみつからないという状態になることもあった。

神社祭典での差別糺弾

磐田郡二俣町、小笠郡南山村、志太郡岡部町では、水平社が神社祭典での差別を糺弾し、差別を撤廃させた。

磐田郡二俣町の部落は四戸の小部落であった。町民の差別により、消防祭典の仲間から排除され、祭典費については賦課されてきた。そのなかで水平社を結成し、一九二五年七月、警察署長の仲介を経て、加入を実現した。その後、二俣水平社への強制立ち退き問題が生じたが、県水平社が応援して守った。

志太郡岡部町の立石神社は、部落民を賤視し、祭典仲間に入れず、氏子の権利を侵害してきた。祭典の近づいた一九二五年七月、加入を求めたが、差別視する町内青年たちによって話はすすまなかった。三日間の協議の末、町長は五人だけ加入させ、徐々にやっていくとした。水平社はこれに抗議し、全員を祭典に加入させることを要求した。差別は撤廃され、立石神社の記録として加入に際しての条文を保存することになった。

高松神社

小笠郡池新田(いけしんでん)村の高松神社は、南山村の部落民を祭典に参加させないという差別を続けてきた。共有地の立木の払い下げや神社祭典費、諸費用については平等に賦課した。部落民衆は一九二四年一〇月、差別の撤廃を求めたが、一般地区民は郡長・有力者の調停を拒否した。

翌一九二五年九月に問題が再燃し、村長・宮司(ぐうじ)・有力者は当分の間、三人の参加という調停案を出した。部落側はこれを拒否し、地元の水平社は浜松の県本部へ連絡した。一〇月、県本部から小山紋太郎・杉浦繁尾・小山菊太郎らが支援に訪れた。差別撤廃の要求のなかで、無条件で部落民全員が祭典に参加することが了承され、村長・神官・各区長・氏子総代・青年らが河東区の禅宗庵に集まって、手打ち式をおこなった。
引佐郡三ヶ日町（みっかび）では、神社への寄附金を他の地区民と別に発表する、神社の相撲に部落の子どもを参加させないといった差別があった。

日本楽器争議と水平社

県水平社は一九二六年一月、浜松の鈴木式織機争議を応援した。同年四月末からは日本楽器争議がはじまった。四月二一日、日本労働組合評議会傘下の浜松合同労働組合に結集する日本楽器の工場労働者が、衛生設備の改善、最低賃金の保障などの一二項目を要求した。会社側がこれを拒否したため、一三〇〇人がストライキに入った。ストライキは一〇五日間に及び、全国から支援がなされたが、三五〇人が解雇され、終結した。小山と同郷の斎藤久右衛門（明石潟）らが会社側に雇われ、争議団を切り崩す側に利用されていた。小山紋太郎は全国水平社第五回大会から帰り、斎藤らを会社側から離れるようにさせた。

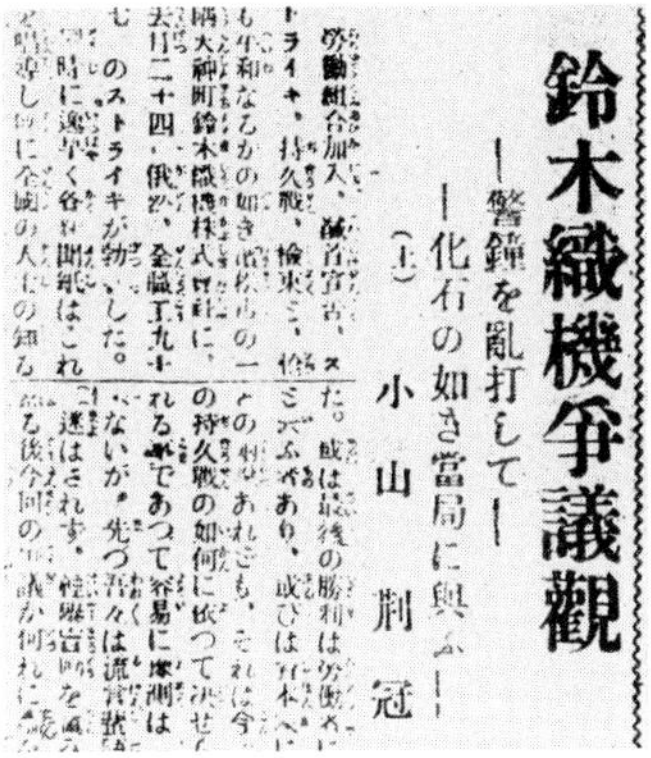
鈴木織機争議観
―警鐘を亂打して―
―化石の如き當局に與ふ―
（上）
小山荊冠

「鈴木織機争議観」（小山荊冠）
（「浜松新聞」1926年２月10日付）

小山紋太郎の考え方は「現実問題として労働組合・農民組合の闘争は友誼（ゆうぎ）団体の仕事として受けとめ、労働者農民のあくなき差別と侮辱への怒りをおさえ、できる限り争議なども応援する」というものであった（『差別とアナキズム』所収書簡）。斎藤らの動きもあり、静岡県水平社は争議団支援の方針を確立できなかった。

この日本楽器争議のなかで、会社側の右翼暴力団「日本主義労農同志会」が差別表現を掲載したビラを浜松市内にまく事件がおきた。水平社は糺弾をはじめた。

この糺弾は全国水平社の全国闘争とされた。本部から松本治一郎・松田喜一・朝田善之助、岐阜の北原泰作、愛知の生駒長一・水野竹造・池浦小太郎・小林栄吉、京都の梅谷新之助・沖田松右・菱野貞次・竹口秀雄らが来浜した。九州の岩佐種美ら四人は大阪で検束された。全国水平社は各地で県水平社の檄文をまき、応援者の派遣を訴えた。

全国水平社・県水平社は六月、日本主義労農同志会に謝罪状を書かせ、新聞に謝罪広告を掲載させた。この糺弾は勝利解決した。

そのなかで、小山たちは斎藤らに「賢明なる浜松市民諸士に申し上げます」というチラシを出させて「中立」を宣言させ、会社側から離脱させた。また、斎藤に争議団救援の米俵をひかせ、労農同志会の前を通らせるという宣伝行為もさせた。県水平社の小山菊太郎は日楽争議の市民大会の実行委員会に副議長として参加した。争議の解決にむけて活動し、東京に行き、自由法曹団、労働組合評議会の関東地方評議会などを訪問した。

県水平社は争議の支援運動の一環として日本主義労農同志会の糺弾から社長の糺弾へと運動をすすめ、それにより階級的な連帯を深めるという動きを示すことはできなかった（「日楽争議顛末」『静岡県労働運動史 資料上』所収、『浜松・日本楽器争議の研究』、『差別とアナキズム』）。

その他の差別事件と糺弾

その他、いくつかの差別事件と糺弾闘争についてみておきたい。

一九二五年、磐田の見付署員が水平社を「亡国的団結」とののしり、「水平社員故に生意気、水平社狂が沢山ある」と発言したため、梅原水平社が糺弾した。巡査の差別事件としては、一九二八年二月、浜名郡笠井警察署で巡査が差別発言し、浜松水平社が糺弾したこともあった。

一九二五年、浜松水平社は大工職人ら五人の差別を糺弾した。清水市入江町では差別事件をおこして詰問され、逆に家屋を破壊して逃亡、同人の残した証拠物を警察が隠滅する事件がおきた。一九二六年には浜松駅の車掌の差別発言や香具師（やし）が空気枕を呼売する際の差別発言を、浜松水平社が糺弾し、謝罪させた。

一九二七年、小笠郡平田村役場で自転車の鑑札取りかえの際、役場吏員が巡査に対し、差別発言をした。水平社はこれを糺弾し、役場主催の講演会を開催させた。静岡市の水平社は代議士の松本君平が静岡市若竹座で差別発言をしたことに対して糺弾し、謝罪状を書かせた。

方面委員による取り組みとしては、一九二二年一〇月、浜松ほか二郡の方面委員会の記事によれば、小笠郡笠原村の青年が高等一年修了後、東京の逓信官吏養成所に入ったが、部落出身を理由に朋輩（ほうばい）から差別され、退学した。しかし、方面委員が仲介して復校を依頼し、現在、勤務しているという例がある。

静岡県社会事業協会は一九二六年一二月に融和問題に関する答申をまとめている。そこには、部落に対し、些細（ささい）な言辞への糺弾が融和を欠くことになるため、避けるように求める項がある。改善実行委員の増設や施設改善事業の推進、補助金の交付や低利資金の貸与を通じて、差別への糺弾の動きを抑えようとしたのである。

県水平社が糺弾した差別事件の数は、一九二七年から三八年までの間に、一九二七年五件、一九二八年九件、一九二九年五件、一九三〇年六件、一九三一年一二件、一九三二年八件、一九三三年不明、一九三四年一一件、一九三五年三件、一九三六年三件、一九三七年五件、一九三八年七件である。記録されているものは以上であるが、これらは氷山の一角である。

水平社の結成と糺弾の闘いは、部落民衆が自らの力で差別からの解放をかちとる行動であった。糺弾闘争がすすめられるなかで、個人への糺弾から権力機構への糺弾が課題とされた。

静岡県水平社は軍隊内差別への糾弾闘争をすすめ、北原泰作の直訴行動の支援や豊橋連隊差別糾弾闘争にかかわった。それにより県水平社は、部落差別をもたらす社会的な諸関係や権力機構の変革を求めたのである。

この県水平社による軍隊差別への糾弾についてみる前に、一九二〇年代後半、アナキズム派の拠点になった静岡県水平社の行動と思想についてみておこう。

第三章　静岡県水平社解放連盟の活動

1　全国水平社自由青年連盟

一九二〇年代には階級対立が激しくなり、社会運動の諸分野で階級的観点をふまえた活動が求められるようになった。水平社運動では、一九二四年一二月の警視庁スパイ事件をめぐる査問と全国水平社執行部の入れかえを契機に、全国水平社青年同盟（一九二三年結成、共産主義・ボリシェビキ派）と全国水平社自由青年連盟（アナキズム派など）との争いが強まった。小山紋太郎ら県水平社執行部は自由青年連盟の側で活動した。

全国水平社青年同盟グループの松田喜一・中村甚哉（なかむらじんや）・木村京太郎（きむらきょうたろう）らによる「スパイ事件」の告発に対し、査問の場で小山紋太郎がとった態度は、事実関係が不十分なままの除名、辞任は「証拠なき処断として水平運動史上に汚点を残すものであり絶対反対」であり、「このような暴挙を敢行するのなら、私はあくまで不当処断は認めない立場で運動をやる」というものだった。小山はその場を退出した。

のち小山は、平野・南らを堕落した幹部派として批判することになるが、一九二五年の時点では、平野・南らを擁護し、かれらとともに県内の部落で水平社を組織して歩いた。「スパイ事件」を契機としての全国水平社内部の分岐と路線論争は組織を二分しての対立を生んだ。この対立は一九二九年一一月の全国水平社第八回大会時に全国水平社解放連盟が解散するころまで続いた。

小山らアナ派と、ボル派に対抗するメンバーは一九二五年五月、名古屋市の愛知県水平社本部において全国水平社自由青年連盟組織準備委員会を二〇人ほどでもった。そこで全国機関紙として「自由新聞」の発行を決定した。小山紋太郎は静岡へ帰ると、六月に県水平社支部長会議を招集し、「自由新聞」の発行体制、青年連盟の組織づくりなどを協議し、執行体制を確立した。「自由新聞」は一九二五年一一月までに六号が発行された。

一九二五年五月の全国水平社執行委員会で、小山紋太郎は自由青年連盟の代表として執行委員に選出された。全国水平社青年同盟の代表としては松田喜一が入った。

一九二五年九月、全国水平社青年同盟は二周年記念大会を開催し、組織を全国水平社無産者同盟へと再編した。これに対し、一〇月、全国水平社自由青年連盟は協議会を京都で開催した。小山紋太郎は静岡から出席し、県小笠郡水平社は決議を委任した。この協議会で小山は、全国水平社自由青年連盟の本部を京都に設置すること、朝鮮衡平社（ヒョンピョンサ）との連帯、世良田村事件に対する当局への糺弾、高橋貞樹（たかはしさだき）の排斥、全国水平社自由青年連盟の名称から自由をとり、全国水平社青年連盟とすることなどを提起した。小山紋太郎はボル派の高橋貞樹の排斥に積極的だった。

静岡県内では水平社の組織がつぎつぎに結成され、糺弾もたたかわれていた。静岡県の水平社運動を担ったメンバーはアナキズムの影響を受け、静岡で出された「自由新聞」は全国水平社自由青年連盟の全国紙の性格をもった。全国水平社自由青年連盟は、ボリシェビキ派の全国水平社青年同盟に対抗する組織であり、ボル派に対抗する諸グループがアナキズム派を中心に混在して結集したものだった。

一九二六年一月、「自由新聞」の発行所は静岡県から埼玉県浦和（うらわ）市へと移転し、辻本晴一が編集発行人となった。二月、全国水平社青年連盟の第二回協議会が名古屋の愛知県水平社本部で開催された。そこには平野小剣・

小山紋太郎・北原泰作・菱野貞次ら二〇人ほどが参加した。この協議会では、今後の方針、全国での戦線の統一などが議論された。全水青年連盟内には政治運動への参加をめぐって賛成と反対の両論があった。

一九二六年五月には全国水平社の第五回大会が福岡で開催された。第五回大会では、綱領を「明確なる階級意識の上にその運動を進展せしむ」と改正した。静岡からは代議員として小山紋太郎と杉浦繁尾が出席した。小山は「綱領改正」と「無産政党支持」の案に対し、反対意見を述べた。小山の綱領改正に反対する意見は「綱領は我々の生命である。水平運動と一般の無産階級解放運動とを混同、同一化してはならない」というものであった。大会では綱領が改正され、無産政党支持については保留となった。杉浦繁尾は水平歌の統一について提案した。この大会で、小山は法規・交渉委員、杉浦は資格審査、建議、予算・決算委員に選出された。

同年五月、浜松市の浜松座で県水平社大会がもたれ、会場は満員となった。そこでは、小山紋太郎「支配階級の流言に逆らえ」、石井小太郎「彼の差別をみよ」、小山菊太郎「人間解放」、高橋くら子（長野）「女性中心の差別撤廃」、山田孝野次郎（少年少女水平社）「鉄鎖を断ちて水平線へ」、平野小剣（関東）「純水平運動の徹底」、南梅吉（前全水委員長）「解放運動へ」などの演説がなされた。そこでは改正された綱領なども示された。

第五回大会で小山は、水平運動を階級闘争全般に解消する傾向を批判し、無産政党支持案に対しても反対意見を述べた。それは「政治闘争は経済闘争へと結びつかず、法律を作るもの、新しい支配者を作るものであり、政治運動には絶対反対する」というアナキスト的立場からの反対論だった。

「当時、私は相互扶助の社会の建設こそ、すべてを解放し、幸福を達成するものと考え、政治については、政治家にまつわる堕落・誘惑に対して拒絶反応をもち、したがって政治運動を否定するとともに相手方の暴圧に対しては、われわれも武装して対抗することはやむを得ないことと肯定しておりました。私はアナキストの主張する無政府とは無権力のことだと説いていました。」（『差別とアナキズム』所収の小山書翰から要約）

小山はこのような政治意識をもっていた。それは、被抑圧階級の解放をめぐっての政治の位置づけ、階級的な認識の形成、無産政党へのかかわり、水平運動と無産階級の解放運動の関係づくりなどを不十分なものにした。

2　全国水平社解放連盟

全国水平社解放連盟の結成

一九二六年九月、全国水平社解放連盟が東京で結成された。静岡から、小山紋太郎、杉浦繁尾、高倉寿美蔵、小林治太郎が参加した。事務所は名古屋市に置かれた。全国水平社青年連盟は「反ボル派」の結集体であったが、アナキストグループは「純水平」の右派を排除し、「自由連合主義」を掲げて、全国水平社青年連盟を解体し、新たに全国水平社解放連盟を組織したのである。

全国水平社解放連盟は、一九二九年一一月の水平社第八回大会の際、組織内対立の解消にむけて解散するまで、約三年間、活動した。一九二七年七月には、長野の朝倉重吉（あさくらじゅうきち）の担当による全水解放連盟の機関紙「全国水平新聞」が発行された。

全水解放連盟の「趣意書」には、部落民自身の行動によって絶対の解放をめざすという水平社運動の精神に立ち、「日本共産党の権力欲」に対抗して水平運動の本流を主張し、「相互扶助的精神」と「自由合意に依（よ）る組織」の実現をめざして活動することが記されていた。

全水解放連盟の「宣言」は、「無産政党運動屋」と「融和運動屋」を批判し、「無産政党運動は極悪なる資本主義政治をより狡猾（こうかつ）に延長せしめんとする欺瞞（ぎまん）であり、我等を奴隷の桎梏（しっこく）に置かんとする毒素的行動である。ブルジョアの政治もプロレタリアの政治も政治に変りはない。政治のあるところ常に階級支配とそれに伴う階級搾取がある」と記した。また、階級社会を差別観念の「胚胎根源」としてとらえ、「徹底的糺弾」が搾取と支配を中枢とする今の階級社会の根源に「斧鉞」のように加えられることによって「その徹底性があり意義がある」とし、「明確なる階級意識に立脚したる特殊部落の自主的解放運動」によって、「一切の搾取と一切の支配機能」をなくすことに「全人類の解放がある」と記した。

標語には、エタの解放はエタ自身の行動に依らねばならないこと、自由連合主義を基調とすること、差別と搾取に抗争すること、融和運動を撲滅すること、政治運動屋を排撃すること、共産党一派および職業的運動屋を駆逐すること、暴圧法令を撤廃することなどが掲げられた。

全国水平社解放連盟には、東京・長野・静岡・愛知などの水平社が参加し、そのほかに埼玉・京都・群馬・大阪・三重・山口・広島・兵庫・岐阜などからの参加があった。

静岡県水平社の小山紋太郎・杉浦繁尾・小林治太郎らは解放連盟系水平社の講演会に参加して、演説した。

一九二六年一一月、京都の東七条水平社解放連盟の創立大会で小林治太郎は政党批判の演説をした。一九二七年一月、解放連盟は同志・北原泰作の入営を見送った。四月、愛知県の海部郡水平社第二回大会に、小林と小山が参加し、演説した。

一九二七年四月、全水解放連盟は埼玉県の野田水平社で第六回全国水平社大会開催地変更運動全国協議会をもち、五月の京都での開催に反対し、名古屋での開催を主張した。静岡からは杉浦繁尾が参加し、書記を担った。

同日、杉浦は埼玉県の入間郡水平社連合創立大会に参加し、演説した。この創立大会には一二の水平社が参加した。解放連盟系水平社・各地農民自治会・全国労働組合自由連合から、祝電と祝辞が寄せられた。

四月の長野県水平社の第四回大会は解放連盟を支持し、そこに小林治太郎が参加し、演説した。その後、小林治太郎は八月に、愛知県知多郡の新舞子水平社演説会、九月には愛知県の海部郡水平社演説会で演説した。そこ

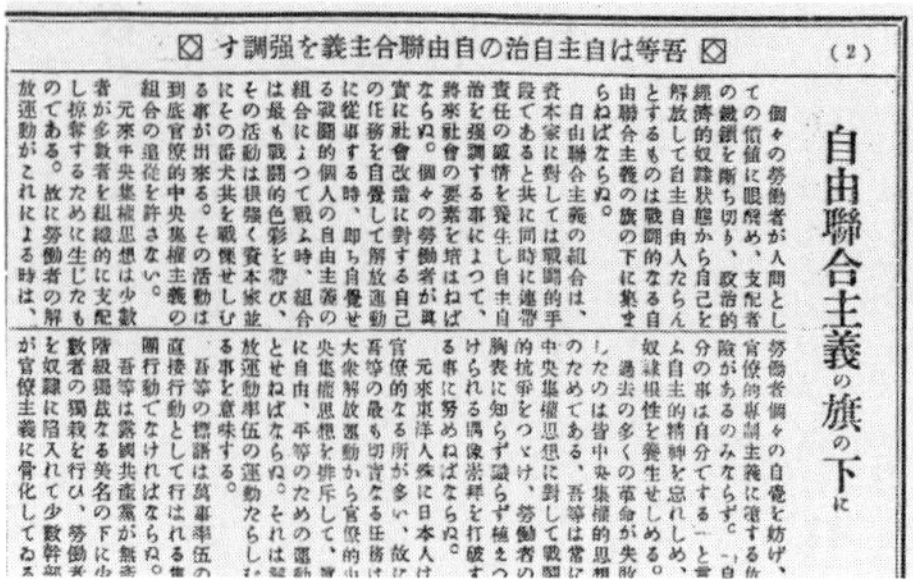

吾等は自主自治の自由聯合主義を強調す　(2)

自由聯合主義の旗の下に

個々の勞働者が人間としての價値に眼醒め、支配者の鐵鎖を斷ち切り、政治的經濟的奴隸狀態から自己を解放して自主自由人たらんとするものは戰鬪的なる自由聯合主義の旗の下に集まらねばならぬ。

自由聯合主義の組合は、資本家に對しては戰鬪的手段であると共に同時に連帶責任の感情を發生し自主自治を强調する事によつて、將來社會の要素を培はねばならぬ。個々の勞働者が眞實に社會改造に對する自己の任務を自覺して解放運動に從事する時、即ち自覺せる戰鬪的個人の自由主義の組合によつて戰ふ時、組合は最も戰鬪的色彩を帶び、その活動は根强く資本家並にその番犬共を戰慄せしむる事が出來る。その活動は到底官僚的中央集權主義の組合の追從を許さない。

元來中央集權思想は少數者が多數者を組織的に支配し掠奪するために生じたものである。故に勞働者の解放運動がこれによる時は、勞働者個々の自覺を妨げ、官僚的專制主義に墮する危險があるのみならず、「自分の事は自分でする」と云ふ自主的精神を忘れしめ、奴隸根性を養生せしめる。

過去の多くの革命が失敗したのは皆中央集權的思想のためである、吾等は常に中央集權思想に對して戰鬪的抗爭をつゞけ、勞働者の胸裏に知らず識らず植えつけられる偶像崇拜を打破する事に努めねばならぬ。

元來東洋人殊に日本人は官僚的なる所が多い、故に吾等の最も切實なる任務は大衆解放運動から官僚的中央集權思想を排斥して、眞に自由、平等のための運動とせねばならぬ。それは解放運動率伍の運動たらしむる事を意味する。

吾等の標語は萬事率伍の直接行動として行はれる集團行動でなければならぬ。

吾等は露國共産黨が無產階級獨裁なる美名の下に少數者の獨裁を行ひ、勞働者を奴隸に陷入れて少數幹部が官僚主義に骨化してゐる

自由連合主義の主張（『平民の鐘』）

エタの解放はエタ自身の行動に依らねばならぬ　(1)

平民の鐘

自由なからずんば死を與へよ！

恨みは深し　一月十八日

『平民の鐘』
（同志社大学人文科学研究所蔵）

で小林は差別糺弾を報告し、融和運動を批判した。

小山紋太郎『平民の鐘』

静岡県内でも労働者や農民の争議が増加するようになり、一九二五年一二月に静岡県無産青年同盟が組織され、無産政党の設立にむけて準備会が開催された。アナ系の県水平社は無産政党組織静岡県協議会第三回準備会に参加しなかった。

一九二六年四月には東海黒色青年連盟が結成された。大塚昇（おおつかのぼる）らは静岡で「大衆評論」を発刊し、「街頭情報」「黒戦」などを出して活動した。浜松では水平社の同人や印刷工グループの結集が企図されていた。アナキズムの運動的つながりのなかで、小山紋太郎、杉浦繁尾らは黒色青年連盟に参加した。

一九二七年一月、小山は『平民の鐘』を出版した。しかし「製本届出不履行」とされ、罰金一〇円の処分を受けた。

『平民の鐘』の巻頭は世良田事件の特集である。ほかに自由連合主義、政治運動批判の論説やマラテスタ（イタリア）、エマ・ゴールドマンのレーニン論、サバトランド（メキシコ）などの世界のアナキズムの動きが紹介され、徳島県勝浦（かつうら）での差別事件についても記されている。

小山は一九二七年九月にもたれた全国水平社拡大中央委員会で、東海地区の宣伝隊員に選ばれた。しかし、一一月、小山は求職のために東京に出、浅草亀岡町（あさくさかめおか）

（台東区）の西勝製甲店で製甲職見習となった。その直後、北原泰作の直訴事件が発生した。

小山は一二月、広島での全国水平社第六回大会で北原泰作の直訴事件への対策について提案した。東京水平社本部主催の直訴事件真相発表大演説会で、布施辰治（弁護士）、深川武（東京）、高橋くら子（長野）とともに演説した。名古屋市での愛知県水平社主催の北原事件真相発表演説会に、布施辰治、梅谷新之助（京都）、朝倉重吉（長野）らとともに参加した。小山は解放連盟系の各地の同志との交流を深めた。

水平社内の対立

全水解放連盟が結成された翌年の一九二七年一月、南梅吉ら「純水平派」は京都で日本水平社を結成した。集会には二府一五県からの参加があり、静岡県からは小山菊太郎が参加した。一九二七年、アナ・ボルの左派内対立は強まり、他方で右派は日本水平社を結成したのである。

一九二八年一月、小山紋太郎は全国水平社の第一回中央委員会に出席、理事および教育出版部の委員に選出された。五月、静岡県水平社は「全国水平社第七回大会不参加に対する共同声明書」に署名した。五月の第七回大会（京都）に、静岡などアナ系は参加を拒否したが、二日目には会場に登場して混乱させ、それにより警察は大会を解散させるにいたった。五月、静岡の「大衆評論」誌には、大阪の新堂水平社解放連盟の松谷功の文章「水平同人としてみた共産党事件」が掲載された。

解放連盟系の「民衆の中へ」紙（大阪）
（部落解放・人権研究所蔵）

一九二八年の日本共産党や労働農民党への三・一五弾圧によって、多くの全国水平社メンバーが逮捕された。また福岡連隊事件によって松本治一郎らが逮捕され、有罪にされた。全国水平社は指導部を国家権力に奪われ、さらに内部対立が激しくなったことにより、大会を開催できないところにまで追い込まれた。もともと水平社運動内部には、マルクス主義、アナキズム、社会民主主義、自由主義、天皇主義などさまざまな思想傾向があった。

部落民衆が団結し、差別の実態を変革するために糾弾の闘いをすすめるなかで、徹底的糾弾をとおして、何をかちとり、何を変革していくのか、どのように差別からの解放を実現していくのかが、問われるようになってきた。新たな運動主体として労働者、農民が登場しつつあるなかで、階級的な目的意識をもち、経済的要求の実現や生活権の擁護をめざす活動を、水平社運動の側も求められるようになった。

水平社運動が形成され、強まる弾圧と内部抗争のなかで、新たな団結の質が問われるようになったのである。

全国水平社解放連盟の解散

一九二八年七月、奈良で水平社の府県代表者会議が三府一七県の参加で開催された。静岡からは小林治太郎が参加した。ここで奈良県水平社は戦線統一にむけての新たな運動方針案を提出した。

そこでは過去の水平社運動がつぎのように総括された。それは、運動が差別糾弾にとどまり、賤視観念の根拠を見極められず、水平社運動を「被圧迫民衆の解放運動の一支隊」とする認識が欠落していたこと、融和運動による改善施設に対して否定するだけにおわり、徹底的施設を積極的に要求する闘争が欠落していたこと、部落民の生活悪化に対する対策方法が欠落していたことの三点であった。それをふまえ、当面の任務として、糾弾闘争をすすめつつ、階級制度への闘争を喚起すること、「地方行政の不公平」を摘発して徹底的な部落民施設を要求し、生活の擁護のためにたたかうことなどを決定した。

このような水平社運動の階級的強化をめざす路線を確定することで、アナ・ボルの対立は共同に向かった。

翌年の一九二九年三月、小山も出席した中央委員会では「過去の水平運動の批判」が採択された。一一月に名古屋でもたれた全国水平社の第八回大会には、静岡から小山紋太郎が出席した。このときに全水解放連盟の解散が声明された。

全水解放連盟の解散をめぐっては、アナキズム内部で対立があった。純正アナキズム派とサンジカリズム派への分裂が示すように、アナキズムも階級闘争の激化のなかで、運動主体の変化にともない、思想的、運動的飛躍が問われていたのである。

一九三〇年五月、『全国水平社解放連盟解体に就いて』という冊子を大阪の荊冠旗社が発刊しようとした。しかし内務省は発禁処分とした。この冊子の著者は小山荊冠（紋太郎）である。

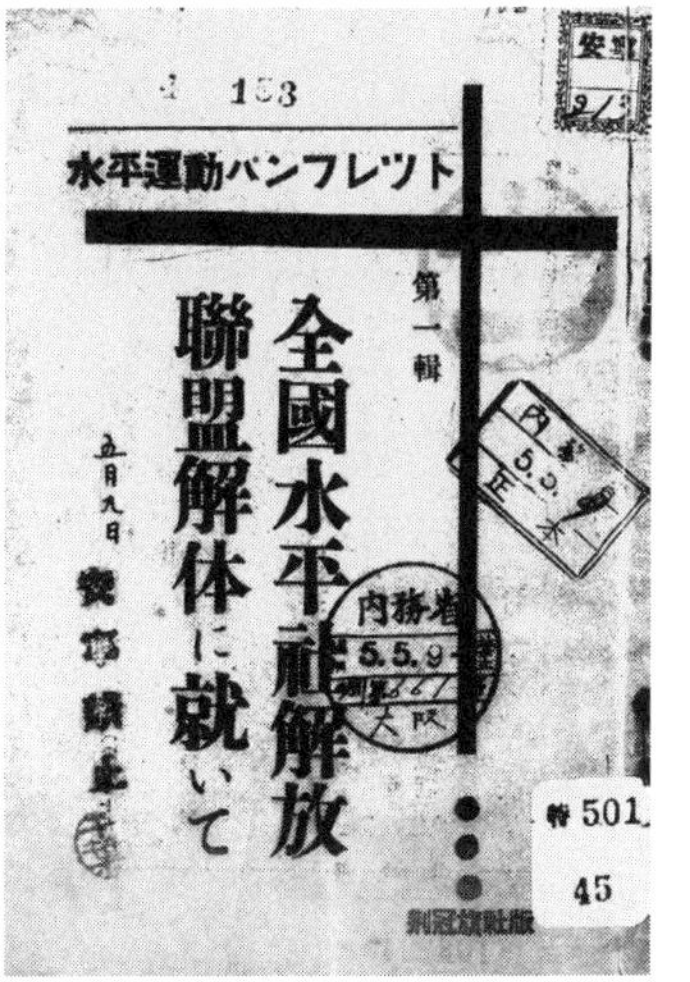

『全国水平社解放連盟解体に就いて』
（国立国会図書館蔵）

ここで小山は、水平社の運動と全水解放連盟の結成と解散について記しているが、全水解放連盟の解体の経過を明確には記していない。プロレタリアートの政治運動の高揚とアナキズム内部の対立のなかで解散することになったことは理解できるが、「農民労働者の解放運動が「政治家」と云ふ支配者を作り出す運動であってはならぬ」「解放と相互扶助の社会を礼讃する」という主張だけが記され、戦略や戦術については記されていないのである。

この冊子で小山は「徳川三百年来地外方圏（ママ）とされて自給自足によって相互扶助の生活に馴（な）れたアナキスト的部落大衆」という表現を用いて、これまでの部落民衆の存在形態を規定している。しかし、資本主義の展開が部落の「相互扶助」を再編し、解体しつつあるなかで、現実をどうとらえ、解放にむけての政治戦略をどう確定するのかについては示されていない。

一九二八年、静岡県内で融和運動は講習会や講演会を通じて組織を拡大していった。繰り返される恐慌にともない、被差別部落での貧困と失業がすすんでいた。階級闘争が激しくなり、侵略戦争に向かうという状況のなか、水平社運動での糺弾闘争の質的飛躍と階級的視点からの組織の再編が問われた。一九二九年に全国水平社は組織を統一したが、差別の撤廃と部落の解放をめざす階級的な主体の形成が求められていたときであった。

その後、無産階級と部落の解放をめざす方針として部落委員会の活動が提起されることになるが、その提起は、アナ・ボル論争、弾圧と組織内統一、全国水平社解消論争を経たあとのことになる。

第四章　軍隊差別糺弾闘争と県水平社

1　北原泰作直訴事件

一九二七年一月一〇日、北原泰作は岐阜の歩兵第六八連隊に入隊した。静岡をはじめ水平社解放連盟の同志は北原を見送った。北原泰作は当時、岐阜県水平社解放連盟の一員であり、小山紋太郎ら静岡県水平社の仲間とともに全国水平社解放連盟の活動者であった。

一九二七年一一月一九日朝、北原は軍隊内部での差別に抗議し、名古屋での観兵式の際に天皇裕仁（ひろひと）へと「直訴」した。直訴状には、軍隊内の賤視差別が封建体制のもとのように峻烈（しゅんれつ）であること、軍当局は被差別者に弾圧的であり、全国の各連隊の態度が一律であることは、陸軍当局の内訓的指示によるとみられること、福岡の歩兵第二四連隊では被差別者に対し、警察が犯罪を捏造（ねつぞう）し、牢獄（ろうごく）に送ろうとしていることなどが記されていた。

北原泰作の「直訴」事件の報道は三日間、禁止された。関東水平社（東京）の深川武は当時「時事新報」の文選工であった。かれは記事解禁のあと、その校正刷りを自宅に持ち帰り、小山紋太郎らと対策を練った。小山紋太郎は、深川から事件を聞き、自分を知る特高係の目をさけて、中央線経由で名古屋に向かい、名古屋の手前の駅で降りた。そして愛知県水平社の生駒長一と連絡をとり、善後策を練った（深川不二夫談『証言 全国水平社』所

請願令違反として軍法會議へ【陸軍省發表】

北原二等卒の訴狀内容

直訴犯人 北原泰作

融和問題の成行きを憂慮

首相らの協議

北原泰作直訴の報道
(「大阪朝日新聞」1927年11月23日夕付)

収)。

北原は一一月二三日に請願令違反で起訴された。軍法会議は一一月二五日からはじまり、翌二六日には懲役一年の判決が出された。小山や生駒長一らは第三師団法務部へと上告する手続きをとった。二七日には、愛知県水平社と全水解放連盟とで北原直訴事件の真相報告と軍法会議批判の演説会をもった。

上告を受け、一九二八年一月に入って高等軍法会議法廷が開かれたが、一時間半で上告を棄却した。北原泰作は大阪の衛戍(えいじゅ)刑務所に入れられた。

この間、山岡喜一郎(やまおかきいちろう)(関西解放連盟)、梅谷新之助(京都)、小林治太郎、加藤清隆(愛知県海部郡水平社解放連盟)、山田孝野次郎(奈良)らは北原を支援し、師団司令部などに抗議行動をおこなった。小山は一二月の全国水平社の第六回大会や東京・愛知での演説会などで積極的に糺弾演説をおこない、北原を支援した。

一年後の一九二八年一二月、北原は釈放されたが、岐阜第六八連隊長の命令で姫路(ひめじ)の陸軍教化隊に送られることになった。小山紋太郎は、北原を激励するために、移送の前日、西宮(にしのみや)水平社で一泊した。小山は西宮を通過する列車をすべて点検し、北原の護送列車を探しあてた。そこで小山は北原を激励し、関係上司に対し、北原を虐待しないよう求めた。

一九二九年一〇月、北原は姫路の教化隊を満期で出所した。小山紋太郎や生駒長一、岩見音松らも姫路に駆けつけ、出迎えた。全国水平社本部や全国水平社解連、関西労働組合自由連合会は、姫路で歓迎集会を開いた。一一月、岐阜県水平社は北原の除隊を記念して演説会を開催した。演説会には五〇〇人が参加し、小山も出席した。また静岡県水平社は北原泰作事件の真相報告会を開催し、慰問金を八一円ほど集めた。小山ら県水平社解放連盟は、解放連盟の活動をとおして同志的関係にあった北原の行動を、実態調査、激励、カンパ、演説会などの活動をとおして支援した（『差別とアナキズム』）。

全國の同志に訴へる！
この暴壓に抗爭せよ!!
姫路市陸軍教化隊内　北原泰作

罪感じて居る。

斯くして又同志は其自由を再び拘束された、姫路で下車と同時に自動車上の人となつた彼は堅き握手の後、我等と共に「黒色青年高歌」を三唱した、穏明るが如き自動車の爆音と我等を残して同志北[illegible]は姫路教化隊の鉄門に向かつて遠ざかつて行つた。

同志諸君！　盗人と[illegible]やつて呉れ　所は左記

正に滅せんとする火の如くてより一層の支配と搾取と[illegible]今や、崩壊の危機に瀕せる資本主義社会に於ける支配者群は確立せんが為努力によりて[illegible]は、その暴壓の極悟より脱し、完全なる自由絶対なる平等の自主自治的新社会の建設に努力しつゝある吾々に対し[illegible]

初冬霜白き十二月十一日払暁
同志北原君出獄す
再び牢獄から煉獄へ

一昨年十一月中旬名古屋練兵場に開かれたる大演習観兵式場に於て今尚頻々として起る差別事件殊に軍隊内の差別事件に対し当局の態度に憤慨し全部落民の全き解放のためんとしたる水平社解放聯盟員に大元帥陛下の馬前に直訴せ「宮崎連隊歩兵二等卒」北原泰作君は、其後一ヶ年の刑を大阪衛戍刑務所にて服役中の処十二月十一日満期となり出所した。

然るに軍隊当局は当然軍隊に編入復帰せしむ可きに同志の出所、自由の喜びに我等は期待し居たに、頑迷なる彼等は、得意の強圧手段を講じて第二の牢獄たる陸軍教化隊に編入せしめたのである。

而も此事たるや例に依り極秘裡に行はれ十二月十日に漸く知つた程で直に対策を講じたが間に合はず止を得ず、当該兵隊に対して面会丈なり共させ様々交渉したが彼等は遂に一蹴して仕舞つたのである。

されど我等も飽迄初期の目的を達成す可く在阪同志と協議し遂に別項小山君の記事の如く完全に面会を遂げ姫路迄送つて行つたのである。

今日迄の彼は身節は極めて健康であり益々熱心に学究的態度を以て来る可き自由の日の準備のために不自由な煉獄に起居して居る。

我等に彼は言つた「僕には最う思想的書籍は必要はないから系統的な自然科学を研究したい其方面の書物を差入して呉れ、教化隊は何でも人の個性を歪へて化かす所だ相だ一個のアナーキスト一個の水平運動者としての僕を見事彼等が歪へ化かす事が出来るか否か、僕は試験台へ上る気で今度の頑冥な彼等の態度を見てやらう。」

僕等は之に対して今何事も出来得ない自己の無力を痛い[illegible]

同志を姫路に送る
刑冠生

人類社会が強者と弱者の二つの階級に別れから、歴史が優勝者の記録を綴る様になつてから幾千年、賤民奴隷として階級制度の犠牲者となり、穢多の名による差別的殉教者として限りなき屈辱を蒙り、惨酷な服従を強制され、剰さへ殺戮され来た悲惨な吾等は全国三百万兄弟解放の為め、今[illegible]全般に瀕発する差別問題、階級制度の副産物たる狂暴なる軍隊内の侮辱事件、支配階級の常套手段たる刑事政策による巧妙なる犯罪捏造の犠牲となつて十余名の同志を冷めたい牢獄に送らねばならぬといふ奇怪極はまる経験事件等々に対して之れが一大抗議と解決の為め、一昨秋名古屋東練兵場に於て直訴した同志北原君は、その後大阪城内陸軍衛戍刑務所に移され、冷血な獄吏の迫害の下に同志との面会は拒絶され音信は断たれて永い一ヶ年を冷めたい牢獄の中に靴下を編みつゝ反抗の日を続けて来た。

時恰かも秋月、冷めたい窓にも泡い太陽の光は射し[illegible]御大典に依る恩典、地方の刑務所と同じ様に衛戍刑務所にも減刑或ひは放免の日は[illegible]た。同志北原君も勿論その[illegible]刑の一人であつた。

この減刑で、同志の出獄の早やめられた事は、永い一ヶ年を面会すら禁ぜられてゐた僕にとつては非常な喜こびであつた。そしてまたそれが待ちに待つた他の同志にとつても大きな喜こびであつたに[illegible]ひない。

吾々は、解放途上に勇敢に戦つて来た同志北原君を限りなき喜こびと懐しさの中に迎え様として各地の同志に打合せてゐた。

然るに何事ぞ！　刑期満了と同時に帰還さすべき北原君[illegible]

北原支援の記事（「民衆の中へ」2、1929年2月）

北原泰作の直訴文は中野にあった陸軍憲兵学校の書庫へと保管された。書庫は警備兵に守られ、立入禁止の指定を受けていたが、のちに榛原郡川崎町の融和運動の活動者は特別許可を得、直訴文を閲覧した。北原の直訴事件は部落の民衆に大きな影響を与えた。

福岡連隊事件については、静岡県水平社が一九二七年五月、「福岡連隊爆破陰謀事件」の真相発表会を静岡市の若竹座で開催した。集会には二〇〇人が参加した。静岡の山本林之助のあいさつに続き、浜松の高倉寿美蔵、石井小太郎、小林治太郎、杉浦繁尾、長野の高橋くら子、名古屋の水野竹造らが演説した。杉浦は奈良事件の話で、高橋は「官憲の横暴」と言ったことで、水野は福岡連隊事件の経過を話そうとしたところ、それぞれ「弁士中止」とされた。集会は熱気にあふれていたという。

この福岡連隊事件とは、福岡の水平社員が兵卒同盟をつくり、軍隊内の差別を糾弾したことに対し、一九二六年、福岡連隊爆破陰謀事件がつくりあげられ、全国水平社の活動者一一人が有罪とされたという事件である。

つぎに、一九三〇年四月からの豊橋第一八連隊への差別糾弾闘争についてみてみよう。

2　豊橋連隊糾弾闘争

豊橋第一八連隊への糾弾

一九三〇年、豊橋歩兵第一八連隊に対する糾弾闘争は三次にわたっておこなわれた。

第一は、一九三〇年四月、初年兵の縫靴二等卒四〇人への渡辺中佐の差別発言を、浜松出身の花村賛四郎が聞き、浜松水平社へと手紙で連絡したことからはじまる。

浜松水平社は協議の結果、徹底的糾弾を決議し、愛知県水平社とともに抗議した。糾弾委員の小林治太郎らは蟹江連隊長や渡辺中佐と会見し、謝罪を要求した。中佐は釈明して陳謝し、連隊長は今後、問題を繰り返さないよう留意することを約束した。

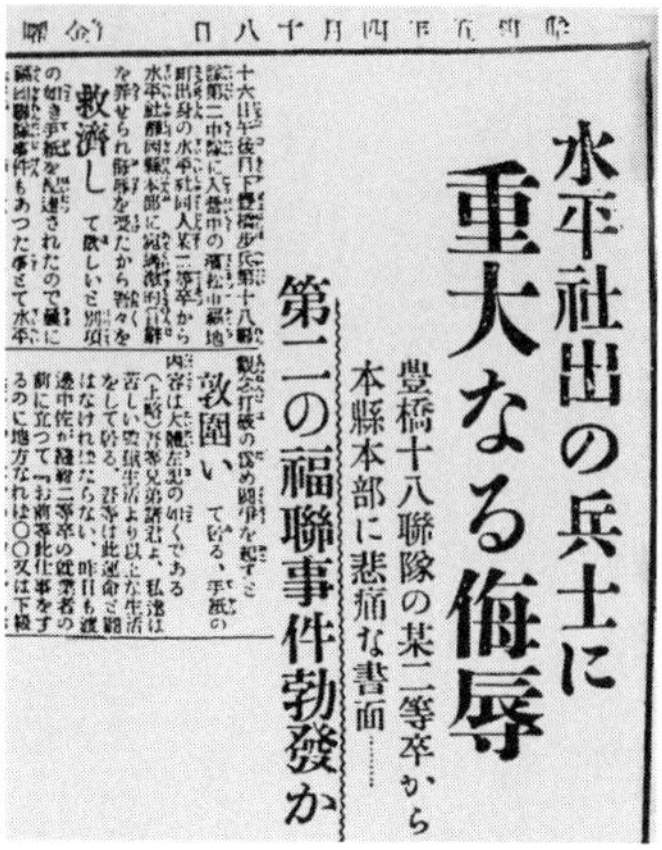
水平社出の兵士に重大なる侮辱
豊橋十八聯隊の某二等卒から本縣本部に悲痛な書面……
第二の福聯事件勃發か

豊橋第18連隊での差別糾弾の記事
（「静岡新報」1930年４月18日付）

第二は、四月、森上等兵が上等兵間の口論のなかで差別発言をしたことをめぐって、浜松出身の花村賛四郎と伊藤竹松の二人が班長へと申告した。班長の申告を受けた川村中隊長は上等兵を訓戒し、始末書をかかせた。しかし花村らはこれを不満として、豊橋の水平社員・広田嘉平に連絡した。水平社本部は事実調査員の松本慶蔵を派遣した。松本は小林治太郎・広田嘉平らと協議し、徹底的糾弾の方針をきめた。

水平社は四月から五月にかけて糺弾し、豊橋合同労働組合も支援した。本部の北原泰作らは交渉のなかで、一、水平社講演会の軍隊内での開催、二、上等兵から水平社への謝罪状、三、今後、軍隊内での差別者に対して徹底的に悔悟させることなどを要求した。軍隊側は二、三については了承し、一については連隊長の訓示とするとした。水平社側は謝罪状を認めさせたことで、軍隊内で糺弾権を獲得したと判断した。

第三は、六月に入って連隊が、軍隊内での差別事件を外部に知らせたことを理由に、花村・伊藤の二人を重営倉（じゅうえいそう）処分にした。この事件は七月になって二人からの報告で明らかになった。

水平社は、軍当局が「関係兵卒は処罰せず」と約束したにもかかわらず処罰したことは欺瞞（ぎまん）であるとし、糺弾演説会を開催し、連隊を批判した。八月、静岡・愛知県水平社は連名で連隊長に抗議文を送付した。しかし、連隊当局は回答を拒否した。水平社側はさらに師団長・陸軍大臣へと糺弾をすすめようとしたが、蟹江連隊長は更迭（こうてつ）され、糺弾は自然消滅のかたちになった。

軍当局は連隊長を異動させることで、軍隊内差別への糺弾が軍中枢へと向かっていくことを止めようとしたとみられる。

この糺弾の闘いで、水平社は愛知県内に二つの支部を確立し、批判演説会の開催や豊橋合同労働組合との共闘などの成果をあげた。

水平新聞

見よ！この差別を

豊橋十八聯隊の差別事件勝利解決!!

營内差別糺彈の自由を獲得す

所謂第二の福聯事件の眞相

愛知縣聯合會は憤然蹶起して

大衆動員準備の指令

聲明書

豊橋事件批判

大演說會

豊橋連隊への糺弾
（「水平新聞」５号、1930年５月31日付）

七月には全国水平社静岡県連合会が浜松座で糺弾演

説会を開催した。そこでは泉野利喜蔵（大阪）・北原泰作らが熱弁をふるった。

帝国主義戦争、絶対反対

一九三〇年七月三〇日付のビラで全国水平社愛知県連合会と静岡県連合会は、二人への重営倉処分を「軍隊内の差別糺弾権の獲得」に対する日本帝国主義の手先どもの逆襲であり、帝国主義の意思であるとし、つぎのように主張した。

> いまや資本主義の行詰りは必然的に第二の世界大戦争を惹き起こす危機をハランでいる。資本家地主の政府は口先で軍縮を唱えながら、陰で戦争準備を怠らないのだ。戦争がはじまるや、無産階級の青年を戦場に追い出して、資本家地主の利益を守る為に××するのだ。我々は軍隊が何であるか、戦争が何であるか、ハッキリ知らねばならない。軍隊は差別の牢獄だ、戦争は金持の利益を守る為だ。全国の部落民、労働者農民大衆諸君、諸君の大衆的圧力でこの戦いを勝利あらしめよ。兵卒の不法懲罰絶対反対だ。軍隊内の差別糺弾の自由を戦い取れ。帝国主義ドロ棒戦争絶対反対。
>
> 全国の特殊部落民、団結せよ。

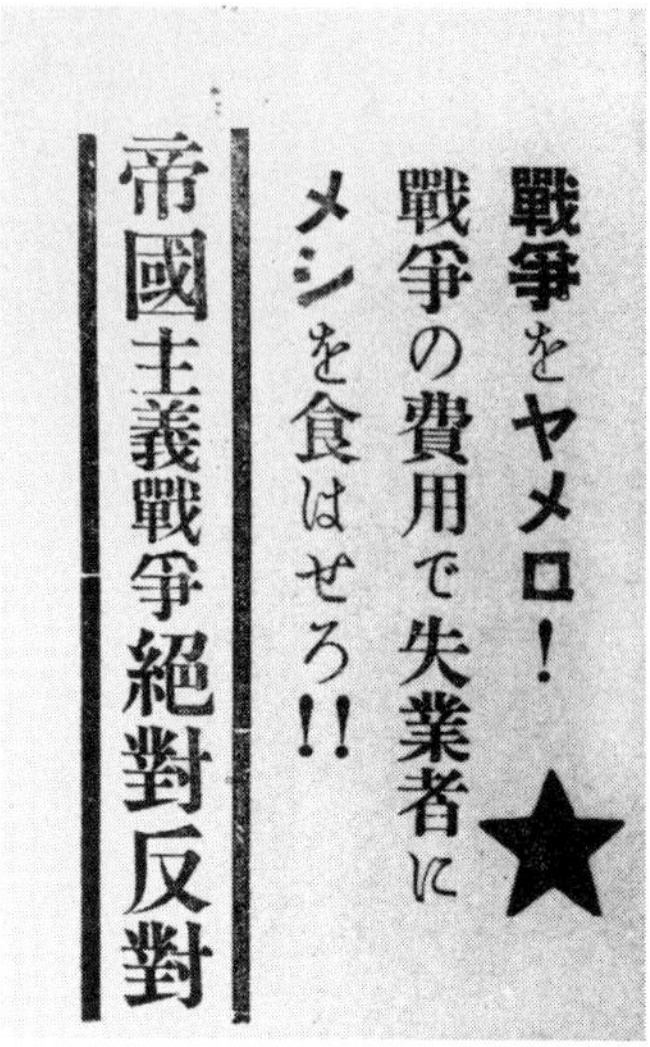

帝国主義戦争絶対反対のビラ
（福岡県人権研究所蔵）

「満洲」での侵略戦争が起こされる一年ほど前の文章である。水平社は軍隊内差別の糺弾のなかで、帝国主義戦争への反対を主張したのだった。

このビラの前日には、愛知県設楽郡の三信鉄道（現・飯田線、三河と信濃を結ぶ）工事現場の朝鮮人労働者ら六〇〇人が不払い賃金の支払いを要求し、ストライキに突入した。この争議を豊橋地域の労働組合が支援した。

豊橋連隊糺弾闘争は、静岡県内での水平社組織の拡大には結びつかなかった。一九三〇年の県内水平運動の組織は、権力側の調査によれば、全国水平社（中央委員・小林治太郎）団体三、一五五人、日本水平社（中央委員・小山菊太郎）団体六、一六四人となっている。県内で全国水平社静岡県連合会の運動が拡大するのは一九三三年の高松差別裁判糺弾闘争をとおしてのことになる。

一九三〇年一二月に大阪で開かれた全国水平社の第九回大会は旧解放連盟系の入場をめぐって対立した。排除された者もいたが、小林治太郎と白砂健（春市、広島）は入場した。小林は代議員として本部派を批判し、反対意見を言わせない大会運営は独裁専制と抗議し、退場した。

静岡県内でのアナキズム系の動きをみておけば、一九三〇年に浜松では黒流社が組織され、「黒流」「思想界」などが発行された。水平社員も組織した。アナキズムの影響を受けた印刷工グループは、一九二七年に浜松印刷同工会を結成し、翌年、遠州印刷同工会と名を変えた。小林治太郎はこの遠州印刷同工会のメンバーと地域で活動した。

第五章　融和運動の展開

静岡県社会事業協会は一九二五年、同愛会を中心に設立された全国融和連盟に参加した。全国融和連盟には帝国公道会、大和同志会、岡山県協和会なども参加した。この連盟は国民の覚醒を求め、政府への陳情などをおこなった。また、政府・内務省は一九二五年に中央融和事業協会を設立し、融和政策の強化と融和運動の官制化をすすめた。一九二七年には、全国融和連盟を担った同愛会や帝国公道会は中央融和事業協会に吸収され、統合された。

支配の側によるこの融和運動の再編は、国粋主義者の平沼騏一郎らによって、水平運動に理解を示していた自由主義者の有馬頼寧らの動きが組み込まれ、融和運動がすすめられるようになったことを示した。それは天皇思想を軸に、戦争にむけて融和政策を強化し、人びとを動員しようとするものであった。地域改善や差別撤廃を求める動きは、政府主導の融和運動に組み込まれることになったのである。

ここでは、一九二七年から一九三一年一二月の静岡県融和団体連合会の発会にいたるまで県内の融和運動の動きをみていく。

白山神社の碑（1934年）に残る平沼騏一郎の名前（浜松市内）

1　地域での融和会の結成と活動

小笠郡北部改進会

静岡県内の融和運動は浜名郡吉野村を模範としてきた。その運動は天皇思想のもとで融和と改善をすすめるものだった。

一九二七年一月、小笠郡千浜（ちはま）村で「北部改進会」が結成された。この団体は天皇思想を柱とした部落統制組織であった。北部改進会は「改元」の「記念事業」のかたちで結成された。結成の集会では千浜小学校長、掛川警察署長らの祝辞と県社会課による講演がなされた。

北部改進会の結成は、「御聖旨を奉戴し旧来の陋習（ろうしゅう）を去り、質実剛健の精神を涵養（かんよう）し道義を高め生活改善を図り、以て人道上の大義を闡明（せんめい）せしむる」ためとされた。この会は、納税組合の設立、徴兵の重視、児童の出席、風俗の改善、賭博の禁止を事業とした。

会では、「敬神崇祖」の精神を高めるために、皇室敬慕の遥拝式、「国旗」掲揚をおこない、勤勉・節約にむけて、休日を縮減し、飲酒を減少させ、区内での菓子販売を禁止するとし、家計簿の記録や日の出三〇分前の起床の実行などを説いた。また、冠婚葬祭の簡素化のために結納金や飲酒、出産の宮参りでの絹布などを禁止し、神前結婚を求めるなど、細部にわたって生活を統制した。さらに、精神的向上にむけ、講演会を開催し、新聞縦覧所を設置し、監督官庁に「接近」させ、時代に応じた改善施設づくりをするとした。

会則第二六条には「会員中争議等を生じたる場合は本会其の調停に当ること」、第二八条には「本会員にして法律及会則に違反したる者は訓戒指導をなすものとす」、第二九条には「前条の処決を否認し又は不穏当なる言行に出づるものは役員会の決議により其の筋の取締を乞ふものとす」と記された。北部区民全員が千浜村北部改進会の会員とされた。

このような会則を「遵守（じゅんしゅ）」し、「安心立命の下に理想郷」を現出させるため、「奮励（ふんれい）」することを強いた。

この会は、部落民衆の行動・生活・思想のすべてを監視するものであった。それは水平社運動に対抗し、天皇思想と報徳思想によって部落民を統制し、監視するための組織であった。このような会の存在と会を存在させた地域状況は、水平社の組織化を困難にしたとみられる。このころの千浜村での改善事業をみると、産業組合の利子補助、排水路の新設が実行されているにすぎない。地域改善よりも生活統制が重視されたのである。

融和促進に関する内務省訓令

一九二八年四月、内務省は、融和促進に関する内務省訓令を発した。内務省は融和運動を指揮するとともに、政府に対抗する団体への弾圧を強めた。

この内務省訓令を受け、静岡県は「融和促進に関する県訓令」を警察署、県立学校、市役所、町村役場、小学校、各種学校へと出し、融和事業との連携を緊密にし、融和団体を設置することを求めた。訓令により県は、融和活動の促進、融和観念の徹底、差別事象の撤去、経済文化施設の完備などを指示したのである。

すでに一九二八年三月には、榛原郡融和会が結成され、志太郡藤枝町では青年団が中心となり、融和促進講演会を開催していた。榛原郡川崎町・五和（ごか）村、志太郡岡部町では、融和講演会がもたれ、今井兼寛（いまいかねひろ）、細田多次郎（ほそだたじろう）（農学校長）が講演した。静岡師範学校・浜松師範学校で

藤枝の差別撤廃ポスター（『静岡県社会事業協会会報』1928年６月）

静岡県社会課「融和日」のポスター（『同和政策の歴史』より）

は、融和講演会を開催し、下村春之助（中央融和事業協会）が講演した。県社会課は「部落問題の発生に就て」という下村春之助のパンフレットを発刊した。また融和事業の視察団が岐阜、京都、広島へと派遣された。

五月には各警察署で融和事業講演会を開催した。六月、藤枝町では融和促進・差別撤廃のポスターを作成し、宣伝活動をすすめた。八月、田方郡韮山村の日蓮宗本立寺で融和問題講演会を開催した。一〇月、県庁で融和問題協議会を開催し、融和団体組織、融和週間、苦情調査について討議した。

一一月三日の「明治節」が全国一斉の融和日とされ、天皇賛美のかけ声とともに「融和促進」が合唱された。その後、融和日は五か条の誓文の発布日の三月一四日に変更された。

一二月には、県社会事業協会が国民融和週間を推進した。また、「御大礼記念」として京都で聞かれた全国融和団体大会には、安藤寛（社会事業主事）、中村（浜松・社会課長）とともに茗荷信三（可美村）、佐野栄三郎（五和村）、田崎佐嘉重（川崎町）など各地の融和運動の関係者が参加した。

内務省による融和運動の強化のなかで、一九二八年には、三月に榛原郡融和会、八月に藤枝町同和会、一一月に可美村融和会、一二月に中泉町融和会、浜松市融和協会など、各地に融和団体が結成されたのである。

榛原郡融和会

融和運動の活動について榛原郡での動きを中心にみてみよう。

一九二九年一月、融和運動の拠点であった榛原郡川崎町で第五回融和事業講習会が開催された。講習会へと県西部から人びとを集め、池田秀雄（前朝鮮総督府殖産課長）が講演した。

八月、志太郡では青年団が、郡内の三つの村で、融和促進を掲げて「講演と映画の夕」をもった。そこでは安藤寛（県社会事業協会）が講演し、「突貫自動車」「新養老の瀧」「人の子」といった映画を上映した。磐田郡梅原村は中泉町に四月に編入され、八月、梅原戸主会が発足した。

九月には榛原郡融和会の役員会がもたれ、翌年度の活動を決定した。活動内容は、講演・講習会活動と調査・宣伝活動である。

講習会は、郡青年団の一夜講習会を利用して、一月三日地頭方村、一月四日相良町、一月五日川崎町、一月六日金谷町、四月一日上長尾で開催する。活動写真を利用した講演会は、一〇月二六日萩間、一〇月二七日勝間田、一〇月二八日根松、一〇月二九日初倉、一〇月三〇日金谷で開催し、大講演会を二月中旬に相良・川崎・吉田・五和で開催し、中央から講師を依頼する。懇談会は、三月中旬、相良・白羽・川崎・吉田・五和で開催するというものだった。

調査・宣伝活動は、一月下旬に浜松方面を一泊二日で視察する。文書宣伝では、パンフレットを作成し、三月一四日、融和日にむけてポスターを作成する。警察と連携して郡内の融和、差別事象の調査などをおこなうというものだった。

一九三〇年一月には、浜松と掛川で融和事業講習会がもたれた。同月、榛原郡五和村で五和村融和会が結成された。三月、県西部の一八地区を巡回しての融和講演会が実施された。同月、藤枝町では藤枝町同和会の総会がもたれ、山本正男（政夫、中央融和事業協会）と安藤寛（県社会事業協会）の講演がおこなわれた。同月には浜名郡融和会が結成された。

一〇月には榛原郡金谷町、川崎町で短期融和事業講習会がもたれた。一一月、沼津市では方面委員助成会の主催による細民慰安会が開催された。川崎町では方面委員助成会が結成された。

融和運動は、改善事業の推進と啓発活動によって差別の撤廃をめざすというものだった。水平運動の分岐と弾圧状況のもと、内務省や県のテコ入れにより県内各地で融和運動が、初期水平運動の活動者を組み込みながら、拡大されていった。

浜名郡融和会

一九三〇年三月に結成された浜名郡融和会についてみてみよう。

浜名郡融和会は吉野村を中心に設立された。会長は北村電三郎、副会長は北村新三郎、茗荷信三である。この会は「一視同仁の聖旨につき同胞同愛の真情と人格を尊重し因襲的偏見を除去せしめ、国民の融和を完全に期し人間の理想とする共存共栄の社会を建設する」ことを目的としていた。

浜名郡融和会は結成にあたり、融和運動による「名誉ある帝国臣民たることの自覚」の徹底を宣言した。「吾等も亦天壌無窮の皇運を扶翼して国史の伝統的光輝を発揮し、等しく日本国民の一部であるが故に皇室を中心として愈々尽忠報国の誠を致すべき責務」を語り、「皇国の進運を祈念する者は先ず国民の相愛融和を計らねばならぬ」、そのために「穏健合理的な民衆運動」をおこし、同情援助によって「融和」「共存共栄」を実現し、「聖恩」に「報謝し奉りたい」というのである。主な活動内容は講習会・講演会などの開催である。

「模範村」として内務省から表彰された地域を中心に一九三〇年、「皇国の進運」のための融和運動が展開されるようになった。この会の宣言は天皇主義による融和運動の発足を示すものであった。このような活動のなか、北村電三郎は一九三〇年の天皇の浜松「行幸」の際に、「陪食」し「奉答」した。

浜名郡融和会は侵略戦争へと国民の動員がねらわれるなかで結成された。しかし、恐慌下、「吉野の指導精神を忘れ、綱紀弛みて軽佻詭激、徳操地に陥ちて浮華放縦、精神的気魄なき事」といわれ、「吉野は既に凋落せり」とまで表現される状況があった（吉野村・KY生「吉野村の回顧」『静岡県社会事業』一九三三年一〇月）。

経済不況のなかで、政府は「自力更生」のかけ声で農村の再建をすすめていたが、吉野村の「自治改良会規程」には以下の内容があった。

「皇室中心主義の信念」を高め、「国家四大節の奉慶貯金」、「紀元節・明治節の奉公会」を村是での特別な「永遠的絶対行事」として推進する、産業統制による経済向上に努める、「共同責任の統制を欠くもの」「公共の負担金義務金等に関し其措置を得ざるもの」には、委員を選出し「解決に向て断行する」（『静岡県社会事業』一九三三年一月）。

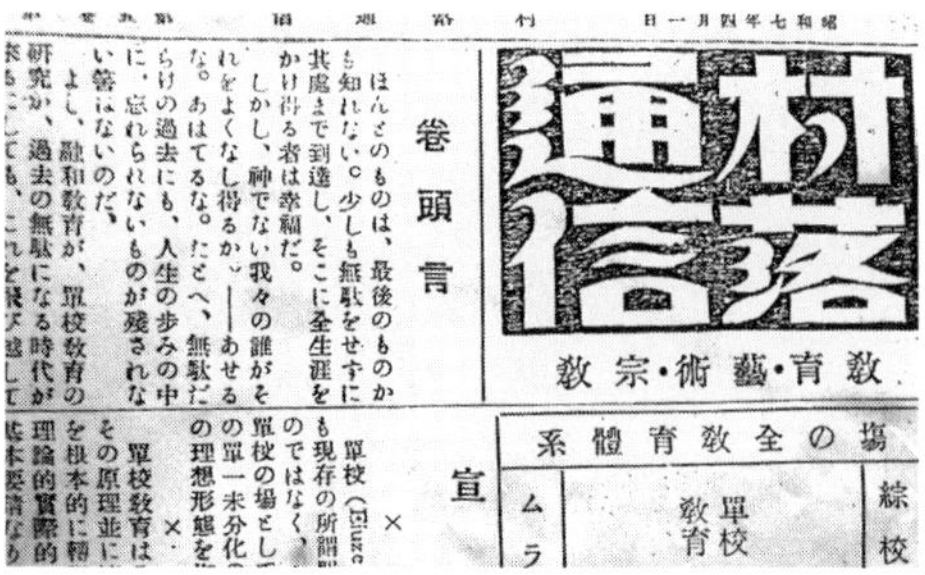

「村落通信」第５巻第４号（1932年４月１日付）

このように天皇崇拝を利用して国家的精神を注入し、村内での統制を強め、相互監視をすすめようとしたのである。しかし、天皇思想の注入という精神の統制では差別はなくならない。

北村電三郎は、浜名郡融和会の幹事でもある小林幸市が編集する「村落通信」の発行を支援し、「融和推進」を宣伝した。「村落通信」には、北村電三郎をはじめ副会長の北村新三郎らが寄稿し、小笠の井上良一の文章も掲載された。

小笠郡融和会

小笠郡では井上良一が中心になり、融和運動の組織化がすすめられた。一九三一年三月、南山村融和会の創立総会がもたれ、四月には掛川の大日本報徳社で小笠郡融和会の創立大会がもたれた。

『静岡県水平社の歴史』付録

㈱解放出版社
〒552-0001 大阪市港区波除4-1-37 HRCビル3F
TEL06-6581-8542/FAX06-6581-8552
発行 二〇一六年七月二〇日

『静岡県水平社の歴史』刊行によせて

黒川みどり（静岡大学教授／近代部落史研究）

静岡県は、戦前から戦後にいたるまで解放運動の力量が大きかったとはいえず、そのことにもおそらくは規定されて、県内住民の部落問題に関する認知度は比較的低いといわざるをえない。それは日々、教員養成学部の学生や教育現場と接しているなかでも感じることである。

しかしながら、静岡県に被差別部落が存在してきたことはもとより、草創期の部落改善運動の模範となった吉野村風俗改善同盟会はかねてから部落問題の通史でもとりあげられてきたものであった。また、その後も、一九一〇年代のいわゆる融和運動の時代には、大和同志会や帝国公道会の影響を直接間接に受けながらいくつかの地域で活動がなされてきたことは、それらの機関誌にも多々報じられてきた。静岡県水平社は、全国水平社の結成に遅れること一年、水平社主流となったボル派とは一線を画して、小山紋太郎を中心に結成され、運動が展開されていく。静岡県当局による政策も、水平社に先駆けて静岡県社会事業協会が設けられ、地域の有力者を掌握しながら行われていった。

本書は、静岡県の水平運動史の解明に一九八〇年代から取り組んできた著者が、今日入手可能なかぎりのほぼすべての史料を駆使して、運動のみならず、政策等も含めて丁寧に史料を読み込みながらまとめ上げた秀作といえよう。

まず本書一冊をもって静岡県の近代部落史が総覧できるようになったことの意義はきわめて大きい。そして、前述した水平運動や部落改善運動・融和政策等の特徴的な動向が浮き彫りにされており、それらは部落史全体を問い直す意味を十分に持ち得ている。

同時に、部落問題が〝人権〟という耳心地のよい言葉のなかに埋没されがちな状況下にあって、本書が広く読まれることにより、静岡県域においても部落問題への関心が高まることを願ってやまない。

水平社の闘いの歴史に学ぶ

本間肥土美（磐田市ふれあい交流センター指導員／静岡県人権会議委員）

一九八三年、磐田市の隣保館が装い新たに建て替えられました。この新築と同時に、私はこの館に勤め、今年で三三年目を迎えました。

静岡県下の被差別部落は、静岡県人権・地域改善推進会と部落解放同盟静岡県連の二団体にほぼ所属しています。静岡県人権・地域改善推進会は、全日本同和会の静岡県連合会から全国自由同和会の静岡県本部を経て、結成した団体です。

本書には、私が勤め始めた頃、隣保館の仕事を共にした榛原の石川さん、私の出身地、旧小笠郡中村の笠原さんにかかわる記述があります。笠原さんは私の身内であり、二〇一六年一月一七日で満一〇〇歳となり、今も健在です。私の母は水平社創立の一九二二年（大正一一年）の生まれですが、昨年九三歳でこの世を去りました。

被差別部落の歴史は屈辱と理不尽さに満ちています。しかし、親から子に語られることはほとんどなかったのです。この竹内さんの著書には、苦しみの中で平等な社会を願って生きた先人たちの闘いの歴史が刻まれています。水平な社会は人類普遍の理想であり、課題です。このような詳細な記録が後世に残されることは大切なことです。

その歴史は、人の世の光となり、社会の歪みを糺す力となり、後世に受け継がれていくでしょう。待望の本が出版されることを心から喜び、本書を推薦します。

差別に立ち向かう勇気を伝える書

天野 一（静岡県人権・地域改善推進会会長）

本書は静岡県水平社の創立と活動を丹念に調査した一冊です。わが国固有の人権問題である同和問題の近代に入っての経緯、水平社や融和会の活動と社会情勢などが記されています。そして何よりも戦争に駆り出されていく過酷な状況のなか、懸命に差別と闘い、生きぬいた様を、いまの私たちに教えてくれます。

竹内さんには静岡県人権・地域改善推進会の二〇一五年度の総会で講演を行っていただきました。その際、会員たちから「これは私の高祖父のことだ」、「家にもっと良い写真が残っている」等々、誇らしげな声があがりました。私たちの先祖が命がけで差別をなくすために闘ったことが、心に響いた瞬間でした。

今度は私たちが、差別や偏見の不合理さを訴え、次の世代の子どもたちに、いじめや差別に立ち向かう勇気を持つことの大切さを伝えていかなくてはなりません。

この本は、私たちの背中を押すもの、私たちにもう一歩、前へ進む力を与えてくれるものです。お薦めします。

静岡県での水平社の歴史を語り伝える荊冠旗

竹内康人

静岡県袋井市の部落解放同盟静岡県連合会には水平社支部の荊冠旗が保存されています。この地区は横須賀城の街道沿いに位置し、伝承では、長野から落武者が連れてきた者が住み着き、鎧冑や槍鞘などの修理をしたといいます。かつて周辺は湿地帯であり、水害も起きました。

戦前は、農業で雇われない人が多く、草履をつくり、その稼ぎで味噌や醤油、米を買っていました。死んだ牛馬を処理する屠場もありました。

浜松で静岡県水平社が結成され、小山紋太郎や小林治太郎が宣伝に来るなかで、地区でも水平社が結成されました。村の寺院で演説会がもたれると、警察が監視し、演説を中止させました。結成当時、支部長は富山源四郎でした。小松原新平、富山源七、小松原喜作が後を継ぎました。当時は八〇戸ほどでしたが、三〇人ほど動員できました。横須賀や浅羽などで差別があると、糾弾にでむきました。

戦争に動員され、亡くなった人もいます。戦場で部落出身者が斥候にえらばれ、犬に報告書をつけるのですが、犬だけが帰ってきたといいます。海軍工廠で亡くなった人もいます。

戦後は小松原喜作が一五年ほど解放運動の旗を守ってきました。中央委員を受け、奈良、大阪、京都などの大会に参加しました。

地区では、磐田郡の福田町で、別珍（べっちん）（ビロード織）の仕事を学んだ人が技術を伝え、別珍が地場産業になりました。一九五〇年代に地域での産業として根付きました。織物業者による剪毛（せんもう）組合ができ、税金の問題で、解放同盟の本部も含め磐田の税務署と交渉しました。

その活動のなかで、一九六〇年代に入り、地区の部落解放同盟として活動できるようになりました。現在では転業していますが、景気のいい時には五〇軒を超える家で別珍を仕事にしました。

同和対策事業により、地域の改善もすすみました。解放同盟では、古老からの聞き取りや地域の歴史の調査をすすめています。水平社支部の荊冠旗は額装され、人間への尊敬と平等な社会を求めて起ちあがった人びとの歴史を語り伝えています。

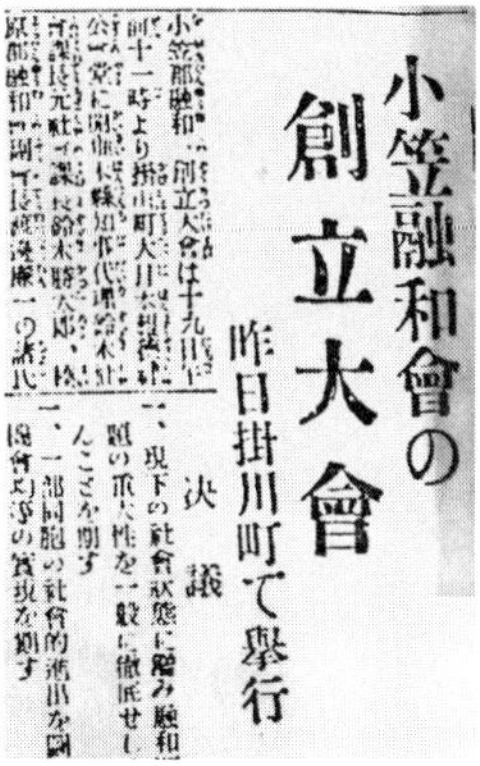

小笠融和會の創立大會

昨日掛川町で擧行

決議

小笠郡融和会の結成記事(「静岡新報」1931年4月21日付)

小笠郡融和会の結成時の決議は、「解放令」や天皇の勅語をふまえ、「君臣一体」の国体のもとで、共存共栄の社会を運動によって実現するというものだった。小笠郡融和会は創立後、郡内で融和映画会、融和事業・融和修養講習会、生活改善協議会、事業講習会、視察などをおこなった。小笠郡融和会の事務所は郡村長会内に置かれ、一九三六年には会員数が二万人を超えた。また、三六年一一月には小笠郡融和会の掛川支部と笠原支部を新たに発会させた。

南山村融和会は趣意書で「一視同仁の誓旨」を奉戴し、同胞の融和を促進し、共存共栄の実をあげるとした。部落の戸数は二十数戸、住民は二〇〇人ほどであるが、南山村では官民で組織をつくり、南山村融和会の会員数は四〇〇人を超えた。

南山村融和会は一九三一年に、産業組合や青年会で映画会を開催し、養鶏講習会への参加、生活改善の座談会や融和座談会の開催などをすすめた。一九三二年には地方改善応急事業費で道路を改築し、一九三三年には養鶏事業をおこなった。このような活動のなかで井上良一は一九三三年に南山村会議員となり、一九三四年に部落の更生実行組合長になった。一九三五年には融和事業功労者に推薦された。

しかし、戦時体制が強化されるなかで、一九三八年に井上は、田崎佐嘉重、武田徳右衛門らと「満洲」視察に派遣された。また、一九三九年に大政翼賛会の指導員、国防婦人会の顧問となった。一九四〇年には県の草履統制組合の設立に参加し、資源調整指導員や「満洲」移民調査研究の委嘱などを受けるようになった。

政府は、戦時動員にむけての翼賛体制に融和運動者を組み込んでいったのである。

2　静岡県融和団体連合会の設立

つぎにこのころの融和運動指導者の思想的な特徴をみてみよう。それにより侵略戦争期の融和運動の役割について考えたい。

融和運動による自覚と人格の強調

安藤寛は「融和運動と融和運動者」（『世の為人乃為』三九、県社会事業協会、一九三〇年四月）において、融和運動の新たなあり方を示した。それは、これまでの「顕現的差別事象に対する撤廃要求」、「融和デー等の機会宣伝」から「人格運動」、「文化運動」にすすむことを提起するものだった。安藤は、差別が「潜入」した今日において、新しい運動が必要であり、その運動を「経済の充実」・「教育の向上」を中心にすすめることを求めた。

同じ号には、中央融和事業協会の山本正男の「自覚運動と経済生活　特に青年の奮起を望む」が掲載されている。そこで山本は、融和運動の新指導方針として、融和運動も水平運動の提起した「部落民の自覚」を実行すべきと記している。

山本は、最近の融和運動を見てだれでも気づくことは、この運動の反響がきわめて乏しくなり、講演会を開いても思うほど聴衆は集らず、そうかといって夜間に活動写真を利用すれば、子どもに会場を占領され、また講習会を開催すれば、講習員のかり出しをやらねばならないといった具合で、いずれも主催者の思うつぼにはまってこないとし、融和運動もその運動をすすめるにあたり水平運動が熾（さか）んであることがきわめて好都合であったと記している。

山本は、部落の多くが農村に居住していても農業ができず、麻裏製造・日傭労働をおこなってきたが、不況下、麻裏製造の工賃は低下し、製品は売れないが「ただ遊んでいるよりはよい」という状態や日傭労働のほとんどが失業という静岡の状況をふまえ、経済生活の打開を説いた。その手段としては、開拓のための離郷、共同事業・勤倹貯蓄・産児の制限を示し、行政の指導、援助を受けることをあげた。

山本は広島の部落出身であり、部落改善運動をおこない、全国融和連盟でも活動してきた。このあと、山本は中央融和事業協会の国家主義的傾向とは一線を画すようになる。

恐慌下、部落民衆の生活破壊が深刻になるなかで、融和運動の指導部は、初期水平運動のスローガンを融和運動のなかに取り込み、部落民衆を融和運動に引き入れようとした。それにより、水平運動などに参加することによる部落民衆の政治的自覚と階級的成長を抑え込もうとした。経済改善の手段として「開拓のための離郷」があげられていることにも注目したい。それは棄民につながるものだった。

その後の一九三二年二月、安藤寛は「融和運動に於ける恐怖心に就て」という文章を『静岡県社会事業』に掲載し、融和運動のスローガンが初期水平思想を取り込んでいることを述べ、融和運動を「親善運動」として展開することで、部落民衆の団結と糺弾闘争から発生した一般民衆の「恐怖」感を除去させていくことを主張した。

水平運動が、生活権を奪還し、階級的立場を強めようとする動きに対抗し、融和運動の側は、水平運動の理念の一部を取り込みながら、自覚と人格を強調し、糺弾行動を否定し、融和運動が「解放運動」であるかのように宣伝したのである。

静岡県融和団体連合会の結成と組織拡大

一九三一年一二月六日に、静岡県融和団体連合大会が開催され、静岡県融和団体連合会が設立された。大会宣言では「挙国同心」のための「国民階和協調」をめざし、「明治大帝の聖旨に基き」、「一切の陋習を打

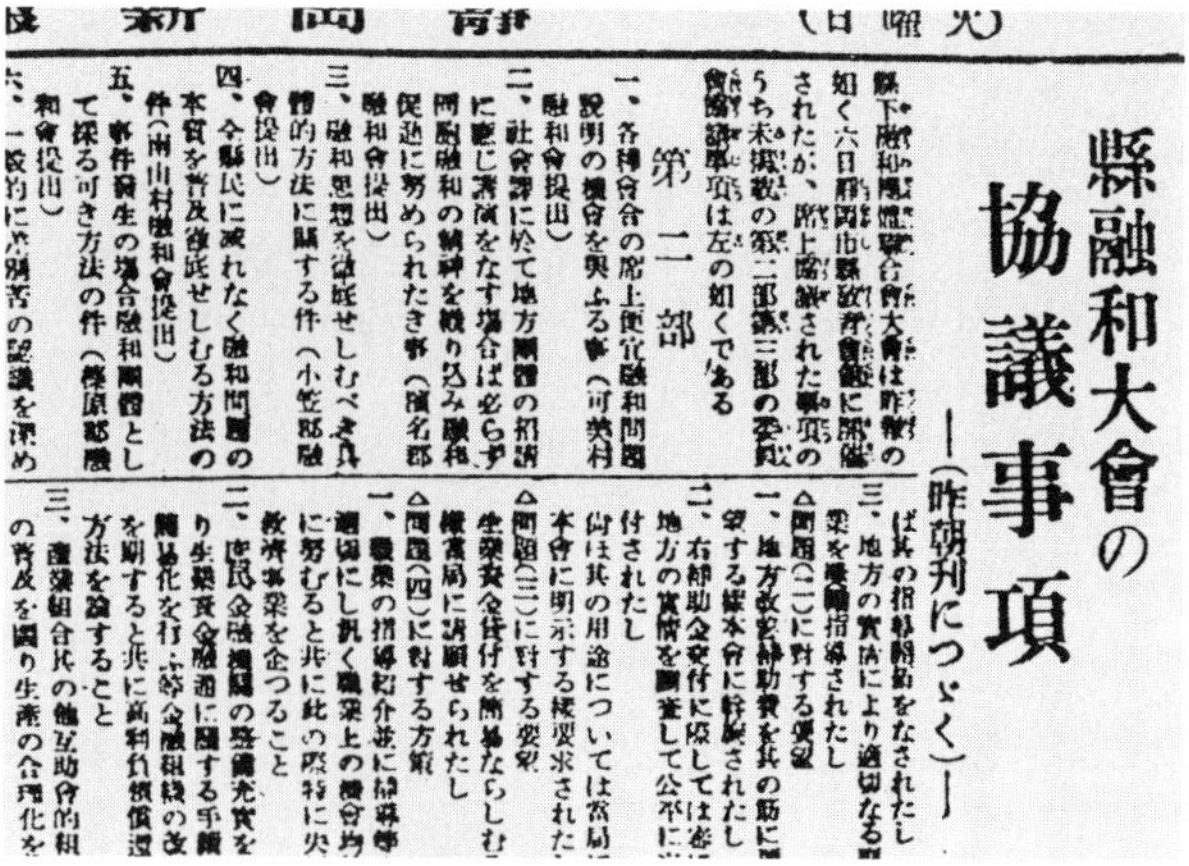

縣融和大會の協議事項

―（昨朝刊につゞく）―

縣下融和團體聯合會大會は昨報の如く六日靜岡市縣教育會館に開催されたが、席上協議された事項のうち未報の第二部第三部の委員會協議事項は左の如くである

第二部

一、各種會合の席上便宜融和問題說明の機會を與ふる事（可美村融和會提出）

二、社會課に於て地方團體の招請に應じ講演をなす場合は必らず同胞融和の精神を織り込み融和促進に努められたき事（濱名郡融和會提出）

三、融和思想を徹底せしむべき具體的方法に關する件（小笠郡融和會提出）

四、全縣民に漏れなく融和問題の本質を普及徹底せしむる方法の件（南山村融和會提出）

五、事件發生の場合融和團體として採る可き方法の件（榛原郡融和會提出）

六、一般的に[illegible]別者の認識を深め

ば其の指導助成をなされたし

三、地方の實情により適切なる事業を獎勵指導されたし

△問題（二）に對する要望

一、地方改善補助費を其の筋に要望する様本會に於て[illegible]されたし

二、右補助金交付に際しては縣は地方の實情を調査して公平に[illegible]付されたし

尙ほ其の用途については當局は本會に明示する様要求されたし

△問題（三）に對する要望

生業資金貸付を簡易ならしむ[illegible]様當局に請願せられたし

△問題（四）に對する方策

一、職業の指導紹介並に補導を[illegible]到にし[illegible]く職業上の機會均[illegible]に努むると共に此の際特に失業救濟事業を企つること

二、庶民金融機關の整備充實を[illegible]り生業資金融通に關する手續簡易化を行ふ等金融組織の改善を期すると共に高利負債償還方法を講ずること

三、產業組合其の他互助的組[illegible]の育成を圖り生產の合理化を

静岡県融和団体連合会の結成
（「静岡新報」1931年12月8日付）

破し御聖徳の下に等しく幸福の生活」をなし、「国運の進展に寄与」するとした。「決議」では、融和運動の重大性の徹底、人類平等の原理に立脚してのよりよき社会の実現、内部同胞の自覚意識の強調と社会生活上の自由、経済向上施設の促進などを求めた。大会では、部落の教育、差別事件への対応、地方改善、経済生活の向上などが協議された。

融和運動は、差別事件に対しては水平運動の糺弾を排し、「穏健な態度を以て処理」する立場をとり、「自主自律による内部の自覚」を訴えることで、初期水平運動の差別撤廃要求を取り込み、改良政策をすすめた。それは、侵略戦争に突入する時期での支配的な風景であった。

一九三四年には、県内一二の融和団体が四七〇六人を組織した。前年度の六団体一六〇〇人から組織を倍増させている。

一九三六年六月段階での組織状況をみると、融和団体連合会を含め、一九の融和団体が組織されている。各融和団体は市町村役場内に事務所をおき、融和団体連合会は榛原郡融和会の事務所内におかれた。融和団体は、郡段階では、田方、駿東、富士、志太、榛原、小笠、浜名に、市では浜松に、町村では、志太郡藤枝、志太郡島田、榛原郡相良、榛原郡川崎、榛原郡吉田、榛原郡五和、小笠郡南山、磐田郡袋井、磐田郡中泉、浜名郡可美などにあった。会員数は、のべ三万人を超えるものになるが、小笠郡融和会の二万人が会員の過半数を占めていた。

一九三八年の第五回大会で、協和会や同和会、融和協会などの団体の名称は融和会に統一された。さらに一九四一年、同和奉公会の設立にともない、名称は同和会に変更された。なお、一九四〇年の第六回大会には引佐郡融和会の名が出てくることから、引佐郡でも融和会が結成されたとみられる。

水平運動の取り込み

全国水平社は一九二九年の第八回大会（名古屋）で組織の統一をすすめた。一九三〇年、全国水平社の静岡県連合会・愛知県連合会はともに豊橋連隊糺弾闘争を展開した。しかし、日本水平社の分裂は県内水平運動を二つに分解させた。

一九三〇年一〇月、関東水平社青年連盟幹部の主唱による日本統一党結成第一回大会が群馬県新田郡太田町でもたれた。そこに、静岡から小山菊太郎が参加し、中央執行委員になった。この大会には辻本晴一・平野小剣・宮本熊吉・坂本清作といった関東水平社員が参加した。結成大会では「共産党の絶滅」を決議し、政策として、男女の選挙権、戦病戦死などに対する国家保護、全産業の国家的統制機関の設置、失業者の生活保障などを求めた。

一九三一年六月には全関東融和促進同盟が結成され、関東水平社メンバーは日本水平社の活動とともにこの融和運動に参加した。一九三四年、日本水平社は「水平運動の聖戦を守れ」とし、その「水平精神」とは「皇道日本精神の発揮」と主張するビラを配布した。このころ日本水平社は天皇主義・国家主義に傾き、融和運動に統合される道をすすんだのである。

このような日本水平社の活動に加え、全国水平社内では、全国水平社解消論が出てきた。一九三一年一二月の第一〇回大会（奈良）での全国水平社解消論により、全国水平社の組織は混乱した。

一九三一年九月からの日本帝国主義による「満洲」での侵略戦争の拡大とそれに前後する社会運動への弾圧のなかで、水平運動は戦略と階級性が問われた。融和団体が取り込めない言辞は「階級的運動」と「糺弾」であり、それ以外のさまざまな表現はたくみに官制運動に取り込まれていった。水平運動には、部落民衆による差別の糺弾を媒介としての階級的な運動を自らの方針として積極的に提起することが求められていた。

静岡県内の水平運動は労働運動・農民運動と共にたたかう経験を多くもちえなかった。水平社員が労働組合・農民組合へと組織された経験も少なかった。このことが静岡県内の水平運動の階級的弱さをもたらした。

融和運動は官制的強化を受け、初期水平運動メンバーを吸収しつつ、部落民衆に天皇主義や国家主義を注入し、美辞麗句で移民を飾りたて、戦争の前線地に送り込むようになる。

第六章　恐慌と部落産業

1　恐慌と部落産業

つぎに一九三〇年から翌年にかけての日本での恐慌がもたらした部落産業への影響についてみていきたい。日本資本主義のもとで部落産業は再編されてきた。独占資本の形成、機械化をともなう経営の進行、部落産業の特権の廃止、一般農家での部落産業の副業化、失業者・移民労働者の部落産業への流入は、部落民衆の生活を圧迫した。世界恐慌にともなう日本の恐慌は、それに追いうちをかけ、部落産業は壊滅的ともいえる打撃を受けた。恐慌の波は部落産業のみならず部落そのものを押し流そうとした。

草履表生産

静岡県の部落産業は主として草履表の製造と販売にあった。当時、遠州表（えんしゅうおもて）といわれ、三重・奈良と並んで、麻裏草履表が生産された。国勢調査や部落調査などで「農業」と記載されていても、差別のなかで草履生産・藁（わら）細工が主な仕事となっていた。また、笊籠（ざるかご）など竹細工の主な産地であった。

一九三一年の中央融和事業協会の調査によれば、草履生産に従事する県内部落は「六四部落、二五四二戸、七六〇四名」となっている。ほぼすべての部落で草履表が生産され、四六％が従事していた。家族の労働として草履表が生産され、子どもも帰宅後は深夜まで手伝った。仲買人・地方問屋が材料を生産者に与えて草履表をつくらせ、それを問屋、市場へ運ぶというかたちをとっていた。草履表生産の材料は地藁や岡山・兵庫産のヨノキであった。晒（さら）して芯を抜く工程があり、そこから真縄と燃料を得ていた。

当時ヨノキ一貫目（三・七五kg）が一円前後の値段であり、一〇貫から二四貫くらいを二～三個仕入れていたという。生産した荒表一〇足分を地方問屋へ運び、四五～五〇銭で取り引きした。材料費として一〇足あたり三〇銭をさし引かれるため、一日の労賃は一〇足で二〇銭にしかならなかった。かつて好況時には、荒表の相場は一〇足で一円一〇銭から一円二〇銭の値であり、一〇足分の材料費を四五銭から五〇銭引かれても六〇銭ぐらいの収入になった。しかし、恐慌によって三分の一から四分の一にまで収入は減っていたのである。

中央融和事業協会の「部落産業経済概況」（一九三二年二月）によれば、草履表生産を生業とする一か月の収入は、男一七円四〇銭、女一〇円三〇銭、一日の収入は、男五八銭、女三四銭であり、副業としての一か月の収入は、男八円四六銭、女五円五〇銭、一日の収入は、男二八銭、女一八銭である。三重・奈良での草履表の生産による収入状態をみると、一九二六年から一九三〇年の間に三割から四割ほどに収入は減っている。

労賃が低下したため、大量に生産しなければ収入が増えなくなる。労働時間を延長し、一日一八時間、編みつづけることになる。しかし、生産過剰になれば、さらに麻裏草履の値は下落する。農閑期の副業として登場した「山形表」は、東北地方への販売ルートを部落から奪うことになり、近府県での競争相手にもなった。また不景気により草履の消費量が減少し、ゴム草履・布靴といった他の商品があらわれた。部落産業である草履生産は壊滅的な打撃を受けた。部落を借金・滞納・転業・失業の渦がおそった。

小笠郡内でも草履表生産を明治期からおこない、夏には夜なべをして、昭和期には一日約四〇銭～五〇銭の収入で生活していたという。一日最高四〇枚をつくる人もいた。一五足を編めば一人前とされた。一〇足ごと、問屋に渡し、八五銭~一円の値で取り引きしていた。藁を晒して干す工程と編む工程があり、全体でみれば一日、一人平均で五足くらいになったという。また竹細工としてほうき・くまでを生産した。このような部落の産業の形態を恐慌が破壊したのである。

静岡県社会事業主事の安藤寛は『融和事業研究』(一四)に「静岡県下の部落産業問題に就て」と題した報告を寄せている。そのなかで安藤は、部落産業の欠点として共同施設がないこと、指導機関の介入がないこと、不便な場所での居住を強いられていることなどをあげ、不況からの脱出として、海外輸出、古ゴム輸入、共同組織づくり、部落金融の調節、転業などをあげた。さらに融和事業の重点を経済対策へと移すことを求めた。

不況のなか、履物皮革産業でも労働争議がおきた。

一九二九年二月、静岡の勝見下駄工場で争議がおきた。争議は静岡合同労働組合の支援を受け、警官隊との衝突や検束を受けながらも、復職をかちとり、妥結した。争議団は「争議団ニュース」を発行し、情宣した。一〇月には小笠郡千浜村の遠州鼻緒製造会社で争議がおきた。一九人が賃金一割二分の値下げに反対し、ストライキに入ったが、職工に解雇手当を支給することで妥結した。

一九三〇年一〇月には、浜松市のタイヤ裏草履職工一〇〇人あまりが工賃の値下げに反対し、寺院で集会を開いた。一九三三年三月、三島の井上帯革製作所での争議では、職工三〇人が退職手当を要求した。一九三六年には静岡市で静岡下駄工組合が結成された。

これらの争議のすべてが部落と関係するものではないが、部落の民衆がかかわったものもあり、当時の社会運動の高まりと無縁ではなかった。

製糸・紡織関係の労働についた人びともいた。

一九二二年九月の方面委員の打合会では、榛原郡相良町の部落の報告で「青年の風紀向上」とともに「処女を製糸工場へ」と働きに出していることが語られている。

部落の娘たちは一二歳のころ、前借金で紡織業へと仕事に出されることもあった。募集人は出身を隠して連れていく。三〜四か月ぐらいで出身がわかり、差別され、故郷に帰ることもあった。募集人はほかのところへふたたび斡旋（あっせん）して利益をあげたという。

水平社解消論

不況下、水平社の運動は行きづまっていた。水平運動の路線対立のなかで、小山紋太郎は部落を「アナキズムの相互扶助的団結」としてとらえ、水平運動による「自由連合社会の形成」を展望していた。恐慌と戦争は、小山の思想的柱である部落の相互扶助的な存立を解体し、被差別部落を日本帝国の下層へと再編し、侵略の最前線に棄民しようとした。

水平社運動は、恐慌と戦争により階級闘争が激しくなるなかで、戦略・戦術が問われていた。小山紋太郎にとっても理論的、運動的な飛躍が問われたのである。

アナ派の水平運動は、既成政治の腐敗を批判することによって「政治」全体を否定し、被支配階級の解放をめざす政治的な闘争をも否定し、水平運動における階級的な視点の導入にも批判的であった。小山紋太郎たちによって形づくられていった県内の水平運動は、アナキズムの影響を受けていたが、恐慌下、県内の水平運動はその運動の質が問われることになった。

一九三一年の奈良での全水第一〇回大会では「全国水平社解消論」が登場した。一九三二年五月に出された『水平社運動の批判―全国水平社解消論』をみると、日本資本主義と水平運動を分析・批判し、部落民のもつ戦闘性を階級闘争に利用し、部落民の解放を約束する政治闘争をつくるとしている。階級的方針をもって糺弾闘争をおこなっても、労働者農民の大衆的な支持は得られなかったから、水平社を解消し、部落の労働者農民を革命的階級的組織に再組織する闘いを全水解消闘争として組織していくとする。部落がファシズムの基盤とされる危機感も示されている。

『水平社運動の批判』（部落解放・人権研究所蔵）

この論理は、部落民衆の団結・戦闘力を政治運動に利用し、階級闘争の発展のために糺弾闘争を中止し、政治革命による「解放」を約束して動員するというものだった。この解消論はボル（共産主義）派が主導したものだった。差別の撤廃をめざす大衆運動を革命運動に解消するこの論理は、水平社運動に混乱を招いた。その後、この論は一九三三年の「部落委員会活動」の提起と高松差別裁判への糺弾闘争の展開のなかで克服されていくことになる。

司法省刑事局の調査記事では、小山紋太郎はこの「解消論」には中間的立場であったと記されている。アナ派からボル派へと立場を変えていた北原泰作の『賤民の後裔（こうえい）』では、小山紋太郎ら旧解放連盟派は全国水平社解消論に対して激しく反対したとしている。小山の思想的立場やその後の行動からみて、解消論に対して中間的立場をとることはなく、批判を展開したとみられる。

2　部落経済更生運動

地方改善・経済更生

恐慌によって部落経済が行きづまるなかで、政府は「地方改善応急施設費」を予算化し、一九三二年から三四年まで「地方改善応急施設事業」を実施した。

中央融和事業協会は「部落民の自覚」を強調するようになり、一九三二年、内務省社会局と中央融和事業協会による「部落経済更生運動」がすすめられた。部落経済更生運動は、挙国一致のために部落経済の自力更生、経済的自覚、経営の改善、消費の合理化、協同一致などを求めた。この活動は、恐慌下で「深憂に堪へざる」状態になった部落の経済への対策事業であった。

このような動きに対し、全国水平社は一九三四年四月の第一二回全国大会（京都）で「全額国庫負担による徹底的部落施設」を要求した。

一九三五年、中央融和事業協会は「融和事業の総合的進展に関する要綱」を作成し、融和事業と融和教育の充実を企画した。

融和運動は、県内での啓発運動として、融和事業講演会、融和事業中堅人物講習会、中等学校での融和問題講習会、教育者融和事業講習会、青年団講習会、女子青年団など女性への融和事業講習会をすすめ、地方改善にむけて、部落調査、融和事業研究会、職業訓練地方改善講習会、産業講習会（養鶏など）をおこなった。また清水市での隣保館活動を紹介し、県東部地域での融和運動の拡大を計画した。

融和団体の設立もすすめられ、一九三三年に志太郡同和会、一九三五年に袋井融和協会、駿東郡融和会、一九三六年に田方郡同和会が結成された。一九三二年の女子融和事業講習会の実施により、県水平社の拠点がある浜松の部落の女性七～八人を曙女子青年団に組織した。

生活改善実行要目

一九三二年一〇月、静岡県融和団体連合会の第二回大会が開催された。

大会には浜松市、浜名郡、榛原郡、浜名郡可美村、磐田郡中泉町、小笠郡南山村、榛原郡相良町・川崎町・五

第二回靜岡縣融和團體聯合大會

——十月二十九日於濱松市公會堂——

靜岡縣下十一の融和團體が結成する靜岡縣融和團體聯合會主催の下に、菊花薫る十月二十九日午前十時濱松市公會堂に於て第二回靜岡縣融和團體聯合大會が開催せられた。

静岡県融和団体連合会の第２回大会の記事（『静岡県社会事業』1932年12月）

和村、志太郡藤枝町の各融和団体と東部は田方郡、富士郡、西は浜名郡の融和団体の関係者が参加した。大会は「習俗の改善、教育の振興、経済並産業の更張（こうちょう）」による「国運興隆」を宣言した。そして県民融和の実現と内部の産業経済の組織化・計画化を促進することを決議した。講演は下村春之助（中央融和事業協会）の「部落経済更生運動の意義と其の方策」であった。

この大会では、地方改善費の増額（榛原）、低利資金の貸付、担保物件がなくても便宜を図り、償還期限は一〇年以上とすること（小笠）、道路下水等の新設・改良による労務機会の提供（浜松）というような部落民衆の生活権確立のための要求が続出した。翌年一九三三年の融和問題協議会においても、差別事象への取締法規制定（小笠）、負債解決のための低利資金貸付（浜名）などが案件として提出された。

このような部落民衆の生活権要求に対して、融和運動はその要求を実現するものではなかった。融和運動は「内部の自覚向上」、「自力更生」による「生活改善」、「人格完成」による部落の「無自覚放縦なる生活状態」の改善を、精神主義的に強調したにすぎなかった。

大会では、県融和団体連合会、同生活改善代表者会、同生活改善指導委員会の名で、一九三三年一月一日からの「生活改善実行要目」が設定された。

生活改善実行要目とは、結婚の改善、七五三その他の祝儀の改善、軍人の送迎、葬仏儀、社交儀礼など生活に関する取り決めである。

具体的には、儀式を簡素にし、宴会の出席者を親等で制限し、時間・日数・色直しを制限する。鯉（こい）のぼりや雛（ひな）

人形を廃止し、入退営兵への家庭での饗応を禁止し、「国旗」の掲揚を求め、香料や僧侶の数を規制する。旅行時の土産品をなるべく廃止することなども求めた。この要目に「違背」する者、「障害を及ぼす者」には「相当の処分」をすることも決定された。

このように生活改善実行要目は細部にわたって生活を統制するものであった。融和運動は部落民衆の一挙手一投足を相互に監視させ、統制しようとしたのである。

この動きを受けて、南山村では、地区の更生実行組合（組合長・井上良一）が一九三四年一一月に設立された。その規約では、経済更生を精神からはじめるとし、事業としては、農業への転業、養鶏事業の進展と報徳社への加入、県融和団体による生活改善実行要目の厳守、政府払い下げ米や原料切藁の共同購入などをあげた。この規約には、組合長・区民をはじめ村長、助役、産業組合長、方面委員も連署した。

榛原郡五和村の経済更生

中央融和事業協会がまとめた「経済更生指定地区施設概況」には静岡県榛原郡五和村の部落の事例が記録されている。

この部落は二九戸、一九〇人ほどの地区であるが、経済的には負債が一〇〇〇円以上二戸、五〇〇円以上八戸、五〇〇円以下一六戸、皆無三戸という状態だった。農業は副業的にしかおこなえず、草履生産と日傭い、行商での生活である。

一九三一年から共同耕作組合を設置し、共同開墾により、茶や果実の植栽をおこなってきた。しかし、いまだ収益はなく、間作の陸稲の収穫による年末の餅米の自給と蔬菜類の補充があるだけだった。

消費面では、自家用醤油を共同で醸造し、各戸に分配した。行商組合は実現できず、労働請負組合も利用されない状態であった。

融和集会を年三回実施し、節酒禁酒運動を推進した。養豚の共同飼育をはじめ、一九三四年に三頭を購入したが、二頭が死に、計画した自給肥料を得ることはできなかった。一九三三年段階で村の負債一万円あまりのうち、約四〇〇〇円が償還された。

融和運動の諸方策は民衆に展望を与えるだけの実績をつむことができなかったようである。

この調査報告がまとめられた一九三五年、静岡県海外協会が開催した第五回植民講習会に「満洲事情」が挿入された。静岡県は一九三六年からの第四次「満洲」移民団に県民を投入する計画をたてたが、融和問題解決の手段として「満洲」移民や地区分散が提示されるようになるのである。

駿東郡融和会

駿東郡融和会は一九三五年に入って設立された。一九三六年の駿東郡融和会の一〇か年計画では、内部の調査、内外の親睦、常会の指導、職業生活状況の調査・改善の指導、住屋・台所・便所改善の指導、映画会・講演会・講習会、視察などの実施があげられた。

駿東郡高根（たかね）村の部落は一〇戸、約八〇人の小地区であった。一九三七年の地区調査表には、一〇か年計画で一年に一戸を離散させ、適当な地方に移住させる計画をたてて実施中と記されている。小地区ではこのような離散が問題の解決策とされたのである。

なお、一九三五年一二月末、融和問題講習会を受けた青年二〇人により、静岡県不二同志会が設立された。内訳は、榛原が五人、小笠・浜松がそれぞれ四人、浜名が二人、島田・藤枝・志太・掛川・磐田がそれぞれ一人である。融和運動による青年層の組織化もすすめられた。

第七章　高松差別裁判糾弾闘争と全水静岡県連合会

このような融和運動の動きに対し、全国水平社は、一九三三年三月の全国水平社第一一回大会（福岡）において、部落委員会活動の方針を提起した。この委員会活動により、部落民衆の生活を向上させること、差別待遇を撤廃すること、市民的自由を獲得するための大衆闘争を展開させること、それらの活動をとおして階級的な政治闘争を組織することなどをめざした。

この方針は、香川県の高松地方裁判所での差別判決を糾弾する全国闘争を組織するなかで確定していった。

全国水平社第11回大会（福岡）の参加者
（松本治一郎記念会館蔵）

1　高松差別裁判と請願隊

高松差別裁判の経過

高松差別裁判事件はつぎのような経過である。

一九三二年一二月、香川県の部落の青年が兄とともに岡山から帰る途中、船の中で女性と親しくなった。二人は同棲（どうせい）するようになったが、結婚の条件は、その女性が働いているカフェの前借金を返済することであった。青年は返済のために金策したが、工面できずにいた。ところが、女性の父が青年を「誘拐罪」で告訴し、裁判になった。

予審判事の取り調べは、青年の行動を、部落出身であることを知られたくないために女性を居住地に連れ帰らず、欺いて結婚しようとしたものであり、「結婚誘拐罪」とした。一九三三年五月、高松地方裁判所で、検事は差別発言を繰り返して求刑した。六月に地裁は、二青年にそれぞれ一年と一〇か月の懲役刑を言い渡した。そのため、二人は下獄した。

全国部落代表者会議（大阪）（松本龍蔵）

地元の香川県水平社馬場支部は糾弾を決定し、全国水平社本部は徹底的糾弾にむけて全国闘争を組織した。全国水平社は、判決の即時取り消しと青年の釈放、関係司法官の懲戒免職を要求し、この闘いをファッショ反対、部落民の経済生活改善要求と結合させるとし、部落委員会方式の闘争を提起した。そして全国的な宣伝・署名・施設要求の運動を展開した。

水平社静岡県連合会の取り組み

全国水平社静岡県連合会は一九三三年八月二日、小山紋太郎を香川県に特別派遣した。小山は真相を調査し、八月一五日、浜松の地元公会堂で真相発表演説会を開催した。報告会には、戸主会・青年団・在郷軍人会・消防団・婦人会・処女会・小学児童らが参加し、差別への怒りを共有した。以後、青年たちはニュースを発行するな

奈良での請願隊員（浜松からは小林治太郎、高倉寿美蔵が参加）（水平社博物館蔵）

差別判決取消請願隊のポスター（福岡県人権研究所蔵）

ど活発な活動を展開した。

静岡県連合会は全県で署名を八月二五日までに一五六〇人分集めた。さらに八月二五日から九月二六日までに、署名数は二二八五人へと増加し、資金カンパは一二五円五〇銭になった。静岡県内では一三の地域で水平社の宣伝がなされた。

八月二八日、全国水平社は差別裁判を糾弾する全国部落代表者会議を大阪で開催した。静岡県連合会からは小山ら二人が参加した。この会議では、各地で署名を集め、演説会をもつことと請願行進をおこなうことが決定された。会議に、浜松明治潟無料宿泊所、静岡県水平社本部の青年団、静岡県水平社岡部支部は祝電を打って連帯を表明した。

八月三〇日、差別糾弾闘争第一回全国委員会が大阪でもたれ、小山紋太郎が出席した。そこでは署名や宣伝とともに、ドイツファシストへの抗議についての協議もなされた。

静岡県内での水平運動の高まりのなか、県融和団体連合会は八月二六日、県庁で役員会を開催し、中央融和事業協会をとおして差別事件として陳情することを決定した。九月一日には、各融和団体から一一人の陳情団を組織し、東京へと派遣した。そのなかには小笠の伊藤林蔵と井上良一もいた。

この動きのなかで、九月二六日、中央融和事業協会は県融和団体

東京に到着した小山紋太郎（右端）（本田豊蔵）

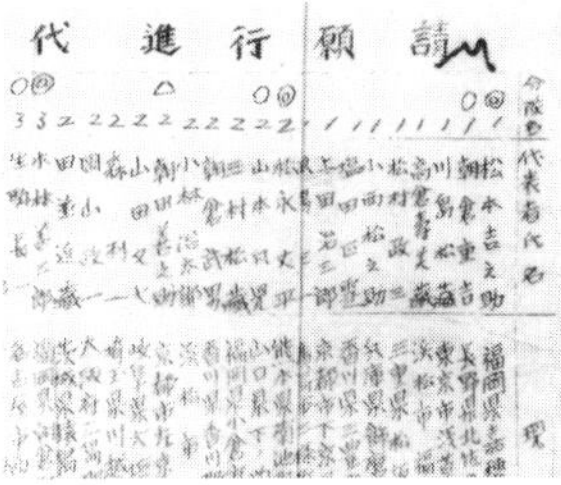

請願隊の名簿（部落解放同盟甘木朝倉地区協議会蔵）

連合会に司法次官の善処通達を送った。その通達は、この裁判が融和事業に悪影響を及ぼすものであり、司法の威信のためにも遺憾であり、事件の審理にあたっては配慮するようにというものであった。

静岡での請願隊

一〇月一日、請願隊は福岡を出発した。九月二六日が出発予定日であったが、警察は請願行動に干渉した。徒歩を禁止して、汽車での行動を強制し、参加者人数は、府県ごと二人以下、駅での歓送者一五人以内、演説・ビラまき・闘争歌の一切を禁止した。このため行動日程は延期され、規制のなかで請願隊は出発した。静岡から、小林治太郎（のち小山紋太郎と交替）、高倉寿美蔵（のち高倉美代蔵（たかくらみよぞう）と交替）の二人が参加し、行動した。四人とも浜松の水平社員である。

静岡県での請願隊の受け入れ状態をみれば、静岡県連合会は歓迎にのべ九六〇人を動員、歓送には三〇〇人を動員、集会を七か所で開催した。集会参加者は一八〇〇人となり、のべ三六〇〇人を請願隊行動に集めた（「請願隊の足跡」による。「特高月報」では六か所、九八〇人が集会に参加、注意一回、歓送迎に四二〇人としている）。

請願隊は一〇月一七日の午後、浜松（公会堂八〇〇人）、中泉（梅原説教所二〇〇人）、「新田崎」（ママ）（袋井方面か、小学校講堂二五〇人）に行った。一〇月一八日、

全水静岡県連青年部（本田豊蔵）

全水静岡県連合会事務所の活動（本田豊蔵）

小学校児童を含む見送りを受けながら、袋井・掛川を通過して金谷に到着し、本隊と支隊に分かれ、集会をもった。集会への参加者は、相良（公会堂七〇人）、島田（島田町大正座一〇〇〇人）、岡部（岡部町小学校一二〇人）、川崎（川崎町寺院一〇〇人）という。一〇月一九日、藤枝駅で本隊と支隊が合流し、興津で社会大衆党の代表らの見送りを受け、東京に到着した。県連は静岡県内で七つの集会をもち、多数を動員するなど、活発に活動した。

一〇月二六日、請願隊の第五回全体会議が東京の山谷堀会館でもたれた。席上、小山は、請願隊の本部を東京に置き、派遣隊を編成すること、差別裁判の取り消しのためにいかなる手段・行動をとろうとも、犠牲者があれば救援することなどの意見を述べた。一〇月二九日、請願隊の北井正一（大阪）ら四人が東京から浜松へと派遣された。一一月の請願代表全体会議を経て、小山は東京に残留することになった。

この運動により、関係検事や署長は左遷され、二青年は仮釈放になった。

一九三四年一月一二日の第三回全国水平社中央委員会、第二回差別裁判糺弾闘争委員会には、高倉寿美蔵・小林治太郎が静岡から参加した。そこで、静岡の地方情勢は、これまで十数か所であった水平社の影響力が四十数か所に拡大したと報告された。一九三三年一二月段階での静岡県内の差別裁判糺弾署名の数は二九六七人であった。

愛知の生駒秋次郎は生駒長一とともに請願隊に参加し、浜松、島田などを訪問し

請願隊員と水平社メンバー。浜松からは小山紋太郎、高倉美代蔵が参加（松本龍蔵）

た。生駒は、戦時下で弾圧が厳しいなか、全国的なアピールをおこない、組織化をすすめることができた。東京では、深川武が宿を斡旋した。北原とともに群馬方面にまで訴えに歩いたと語る。

2 『請願隊は如何に闘ったか』発刊

一九三四年四月、京都で開催された全国水平社第一二回大会の席上、小山紋太郎はつぎのように報告した。

「この高松裁判所差別判決糾弾・請願隊の闘いをとおして、静岡県連合会は県内五五部落に真相・闘争報告をもってオルグし、三〇部落を立ちあがらせる成果をあげた。劣悪な経済状況下、事業を起こし、預金しながら闘争資金を捻出し、基金と激励文を送った。また県連合会として、これまでの差別糾弾のみが水平運動であるかのような運動のあり方を自己批判し、最近の不況下での生活の窮乏化に対する闘争を提起し、観念的な運動から経済闘争を展開している。電燈料、家賃の値下げについて、支部で対策を協議し、小作料引下げの闘いをはじめている。」

全国水平社静岡県連合会は高松差別裁判糾弾闘争、部落委員会活動をとおして、これまでの闘いを自己批判し、新たな大衆的な闘いを準備したのである。

全国自転車行脚の小山紋太郎。左から松田喜一、小山、酒井基夫、朝田善之助、北野実
（『写真記録 全国水平社60年史』より）

『請願隊は如何に闘ったか』
（水平社博物館蔵）

静岡県連はこのような闘いをふまえ、資金難をのりこえ、『請願隊は如何に闘ったか』というパンフレットを作成した。このパンフレットは、一九三四年三月一三日に発刊されようとしたが、政府は発売を禁止し、差し押さえた。その後、伏せ字などの対策を重ね、七月に入り、印刷・納本をすませ、発刊した。このようなパンフレットの発刊は、裁判糾弾の闘いのなかでの小山らの奮闘を示すものである。

小山は『請願隊は如何に闘ったか』の前文で、「吾等の祖先は骨髄に徹する恨みを呑んで地下に冷たく眠って居るではないか」、「全国に散在する我等部落民の前途には必然来るべき失業上の総不安と、餓死による総全滅の日が迫りつつある」と記し、それに対抗して水平運動の戦線を拡大することを訴えた。

本文では、差別事件の内容と経過を記し、融和会については、「部落民の解放を裏切って自己の利益と野望の為に盛んにデマと逆宣伝と切り崩し」をおこない、「民衆の利益を度外視して支配階級の走狗である事の馬脚」をあらわしたと厳しく批判した。

そしてつぎのように呼びかけた。「枝葉の差別問題にのみ拘泥して、敢て同じ階級層の分裂をなすが如き糾弾の愚より脱却して、全無産階級間の大同団結を期し、その差別と搾取の牙城を突く處の、

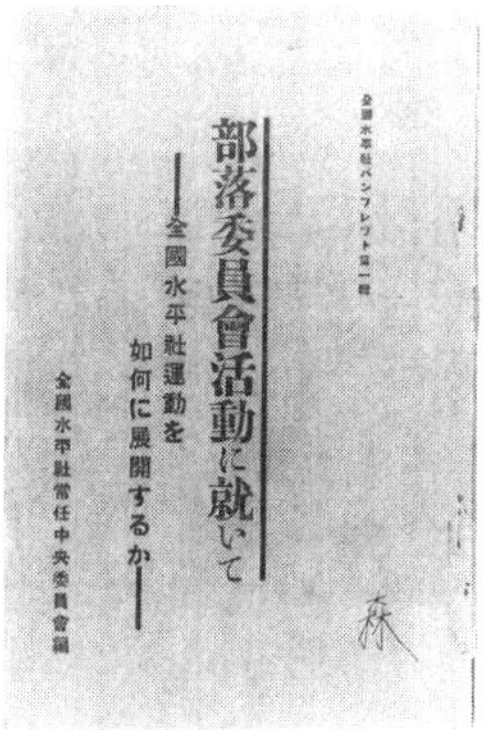

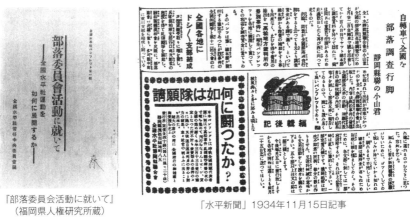

『部落委員会活動に就いて』
（福岡県人権研究所蔵）

自轉車で全國を
部落調査行脚
静岡縣聯の小山君

全國各地に
ドシ〳〵支部結成

請願隊は如何に闘つたか？

編輯後記

「水平新聞」1934年11月15日記事

日常に於ける経済闘争の最小の部分に迄、その運動が押進められねばならぬ」と。

このような表現は、小山たちがこれまでの水平社の運動をとらえなおし、新たな視点で解放運動をすすめようとしたことを示すものである。

小山、全国自転車行脚へ

『請願隊は如何に闘ったか』を発行した七月、小山紋太郎はこのパンフレットを販売して調査の費用にあてながら、全国部落調査のための全国自転車行脚に出発した。

「水平新聞」再刊第一号（一一月一五日）には小山の部落調査の記事、第二号（一二月二五日）には「『部落委員会活動に就いて』を読みて」と題した小山の文章が掲載されている。第二号の記事で小山は、過去の水平運動の未熟さ、不十分さをふまえながら、各地での「土地的条件に相応する委員会活動」を積極的に捲き起こすことを訴え、「被圧迫部落大衆の解放運動を果敢に前進せしめなければならない」と主張した。

小山は差別の歴史的な記憶をふまえながら、階級的な視点をもって地域から解放運動をすすめていこうとした。それにあたり、生活権闘争を重視し、全額国庫負担による部落の経済的・文化的施設の建設を求めるようになった。

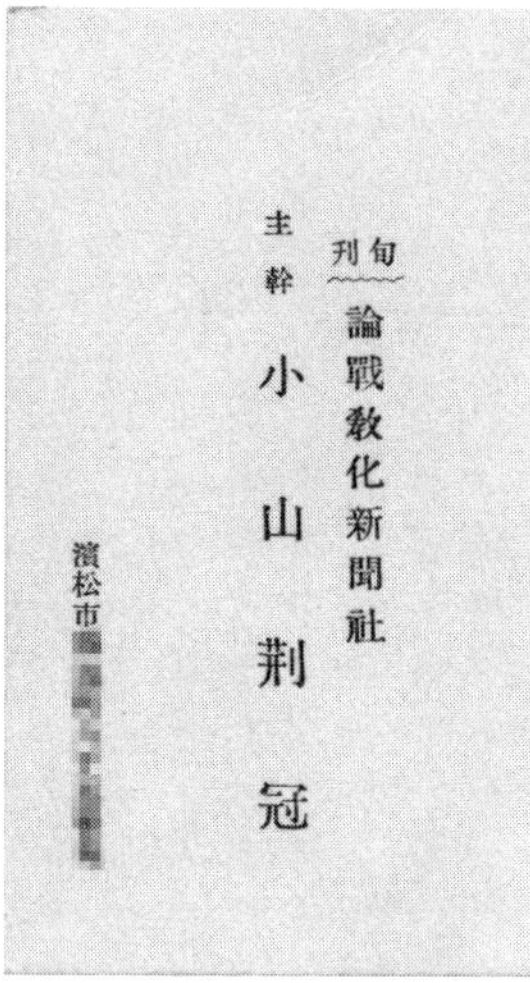

小山荊冠（紋太郎）の名刺。裏面の記載から、1933年8月の全国部落代表者会議で交換したものとみられる（一部加工。水平社博物館蔵）

その後、小山は一九三五年一月の第二回全国水平社中央委員会で「万朝報（よろずちょうほう）佐藤中将糾弾闘争」の調査委員八人の一員になり、活動した。五月の大阪での全国水平社第一三回大会では、調査部長に選出された。

高松裁判糾弾闘争は高揚したが、一九三五年には無政府共産党関連の弾圧があり、浜松では遠州印刷同工会関係者が検挙された。高松差別裁判を糾弾する請願隊に参加し、浜松の遠州印刷同工会員としても活動していた小林治太郎（次太郎）や高倉寿美蔵も検挙された。二人はともに当時、二八歳だった。二人は起訴されなかったが、遠州印刷同工会の斎藤竹雄や佐藤伊太郎が起訴された（『日本無政府共産党関係検挙者身上調査書』、『社会運動の状況』一九三六年）。

一九三六年二月、全国水平社の議長だった松本治一郎は衆議院議員に当選した。しかし、地域での水平社運動は、一九三六年六月に、水平社静岡県連の大池西支部ほか三支部が解散し、県内の水平社は浜松、梅原、笠原、岡部の四支部、一五〇人ほどの人員数になった。他方、融和運動は一九三六年一一月に小笠郡融和会の掛川支部と笠原支部が発会したように組織を拡大した。

中国への侵略戦争がすすむなかで社会運動への弾圧が強められ、他方、融和運動による懐柔がすすんだ。一九三七年には、静岡県連合会が差別糾弾を展開する前に、警察官の斡旋によって差別事件が解決されることもあった。一九三七年三月の東京での全国水平社第一四回大会には、代議員を出せない状態になった。

当時、榛原で融和会の活動をしていた石川喜七（いしかわきひち）によれば、請願隊が川崎にもきて、決起をアピールした。水平社は、融和会を政府の傀儡（かいらい）とする見方であったが、差別をなくすという願いは同じであり、批判しても進歩はない、前向きにとらえていったらどうかと請願隊員と話し合ったという。

融和会の地域の活動者には、水平社が、差別の糺弾でときにけんか腰になるなど、方法に問題があり、人の心をつかめないことになってしまうことに批判的な者もいた。運動団体は違っていても共通する思いは、差別により心に針を刺されるような痛みがあることを知ってほしい、故郷を語れない、それを一生背負って生きている、そのような現実を変えたいというものであった。

このような差別撤廃への思いに対し、支配の側は侵略戦争をすすめるなかで、部落に対し「自覚」を強調し、天皇思想の注入を強め、生活の統制と監視を徹底した。それをもって、部落民衆の生活権獲得・差別撤廃の要求を抑えつけ、国家へと統合しようとしたのである。

融和運動は、政府の意向を受けて、部落の「余剰」人口を「満洲」に移民させることをすすめるようになる。それは戦争と棄民の政策への加担であった。

第八章 「満洲」移民と被差別部落

1 「満洲」移民の推進

一九三〇年代後半、静岡県の融和運動は「満洲」移民をすすめるようになった。県社会事業協会の『静岡県社会事業』には「満洲」移民関係の記事が多く掲載されている。「満洲」移民名簿のなかには部落出身者もみられる。

一九三六年の静岡県の移住方策によれば、移住募集対象地方は、耕地面積が過少な地方、利用耕地の少ない地方や経済更生計画で移住が奨励された地方をあげ、移住対象者としては、農村の次三男以下、「満洲」に理解のある者、貧農、失業者のうち農業経営者として移民に適当な者、農学校卒業者などをあげた。

これまで静岡県は、南アメリカ、北海道へと移民をすすめてきたが、このような募集対象地方や対象者をあげて、「満洲自衛移民」を駆り集め、「静岡村」の建設をめざしたのである。

「満洲」移民の拓務訓練

一九三六年の静岡県の第五次「満洲」移民の拓務訓練についてみてみよう（『静岡県社会事業』一九三六年一二月）。

「満洲移民」の拓務訓練所は、拓務省の希望もあり、県立引佐農学校に併設された。第五次の移民予定者三四人は一九三六年一〇月一日から一か月間、訓練を受けた。入所の宣誓文には「満洲自衛移民訓練所」への入所にあたり、「皇国農民」として「挺身報国」の熱意をもって「日本精神」を養い、「勤労主義」に則り、「至誠実行・不撓不屈」の精神で「自治共同」の実を挙げることなどが記されている。

一か月の訓練が終了したあとの閉所式では「君が代」を歌い、校長が勅語を読んだ。引佐農学校総代は、出所後、国家のために「満洲」の広野に活躍される訓練生のみなさんの双肩に「日本の興亡」がかかっているとする送辞を述べた。答辞で訓練生代表は「決死の覚悟を以て新日本建設と民族繁栄のため奮闘」すると答えた。かれらは一九三七年二月に「満洲」へと送り出されていった。

一九三七年一月の第六次移民団の先遣隊の入所式で、拓務局長は訓練生に対して、「満洲移民」は「日・満両国の一体不可分」の関係をいっそう強化するための「選士」であるとし、移民者に「五族協和を基調」とする「王道楽土の建設」をもとめ、「満洲国」が「五族の中の最優秀民族」である「日本民族」を「熱望」していると述べた。さらに日本農村の窮乏の原因は、「過多人口」「過少耕地」であるとし、「偉大なる愛国者」「日本民族の代表者」「平和の戦士」による「満洲」開拓を期待すると語った。

この入所式で引佐農学校長の多田実は、中部日本からの移民の成績が「芳しくない」ことを述べ、「自治協同」の精神をもって「天皇陛下の為に国家の為に奉公の誠」を尽くすべきとあいさつした。

のち、多田は小笠農学校に異動した。小笠農学校には一九四四年から四五年にかけて「満洲」移民の「花嫁訓練所」である「女子拓殖訓練所」がおかれた。そこから一〇〇人ほどの女性が「大陸の花嫁」とされ、「満洲」に送られた。

侵略と占領による移民は「王道楽土」建設のための「平和の戦士」と賛美された。日本資本主義下の大地主制から生まれる「過剰労働力」が「愛国者」「日本農民の代表者」として鼓吹（こすい）・煽動（せんどう）され、「満洲」へと追いたてられたのである。

「行け！満洲へ！」

「満洲」の「静岡村」移民団の綱領は、われわれは「大和民族」であることを自覚し、その「精神」（教育勅語の精神）をもって「一致団結」し、「五族の核心」となり、「東亜の平和」を確立する、農業経営を本旨として「自給自足」をもって衣食住の安定をえ、子孫のために「永住の安楽土」を建設するというものだった。

「満洲」への移民者たちは、毎朝、移民団本部前に集合し、人員点呼をおこなった。そこで、天皇裕仁の住む「宮城」にむかって「柏手（かしわで）を打って礼拝」し、「君が代」を歌い、天皇の「彌栄（いやさか）」を三唱した。その後、朝食をとり、仕事をはじめるという生活だった。

一九三七年六月、第七次移民団先遣隊は「平和の戦士」として「開拓の使命を帯び希望と理想を胸に抱き十万の英霊の眠れる広漠たる未墾の沃野（よくや）に鍬（くわ）を握り」、「静岡村」を建設することを宣言して「渡満」した。このような意識のもとで中国の人民と土地の収奪が実行されていった。

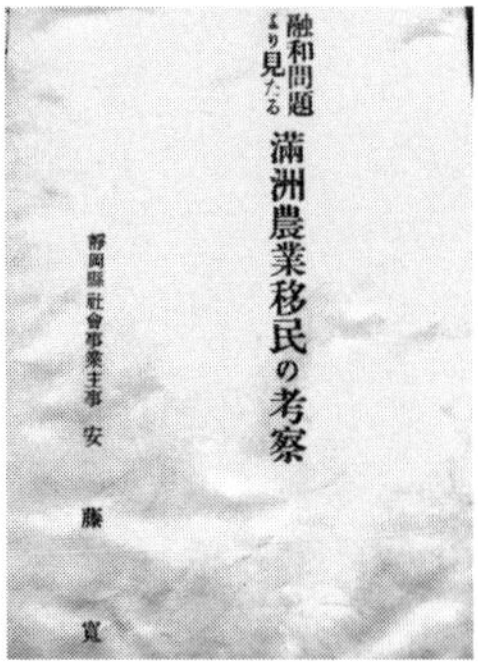

安藤寛「融和問題より見たる満洲農業移民の考察」

融和運動を指導してきた安藤寛（県社会事業主事）は、無産化した民を「満洲移民」として組織するようになった。安藤は、第七次先遣隊の輸送・指揮を委嘱され、多田実（拓務訓練所・校長）とともに「満洲」に行った。

安藤の報告「融和問題より見たる満洲農業移民の考察」は『融和事業研究』誌（第四五号、一九三七年九月）に掲載されたが、この安藤の報告記事は別刷にされ、県内の融和団体に配布された。

この記事で安藤は、「満洲農業移民」は成功を収めている、「満洲」は出生率が高い健康地であり、耕作に適している、「匪賊」の襲来は移民団に関しては心配ない、食物も住居もよいと移民団を評価した。また、因襲がないこと、農業での協力一致、共同の敵の存在などの条件のもとで連帯が生まれ、移民によって融和問題が解決されるとみなした。さらに、「満洲農業移民」は希望に満ちている、土地は無代に等しく、一〇町歩から二〇町歩を所有できる、一年自給自足して二〇〇円ぐらいの貯蓄は容易である、余剰戸数の全部を「満洲」に移して理想郷を建設したい、真の王道楽土を建設したいと記した。そして、「行け！満洲へ！一日も速に！」と煽動した。

第７次満洲農業移民訓練所開所式の記念写真
（『静岡県社会事業』1937年５月）

県社会事業主事の大井新一が視察した折、「匪賊」について移民団員に質問したところ、移民団員は「一度来てみればよい。こちらも機銃があるし歩兵銃もあり、移民団の実力を見せてやりたいもんじゃ」と語ったという。大井は「北満の静岡村について」（『静岡県社会事業』一九三八年六月）で、静岡移民団の状況を賛美した。

このような「満洲」移民の宣伝・送出とともに、静岡県は「満蒙開拓青少年義勇軍」を組織し、一九三八年五月には、部落出身者を含む一〇九人を送った。

一九三九年二月には、静岡市浅間神社で一八組の「満蒙開拓士合同婚儀」を開催した。この結婚式は「大陸の新しき土に生きる平和の戦士と大陸の花嫁」の「東亜の契り」と称された。式は「国防色の国民服」と「カーキ色の女子青年団服」の「国策型」式典としてもたれた。

2　移民団と部落差別

地区分散・「満洲」移民策

一九三七年七月、日本は中国全土への侵略戦争をはじめた。それ以降、『静岡県社会事業』誌には「銃後奉公」の記事が多くなる。部落改善にむけての諸活動は停滞し、「移民」や地区分散が奨励されていった。静岡県は、積極的に「満洲」への移民を組織し、農山村の民衆を「国策遂行」に動員した。

一九三八年三月中旬には国民精神総動員融和週間が設定され、三月一四日の午前九時に明治神宮遥拝式がとりくまれた。この儀式は五か条の誓文が出された日を記念しておこなわれた。また、講演会・映画会が開催され、ポスターやリーフレット、絵葉書（えはがき）、鉛筆などが配布された。総動員の運動により、一九三八年には一品献納運動、皮革・綿布の使用制限、「満洲」視察の報告座談会などがとりくまれた。指導者講習会では自覚更生や職業転換が呼びかけられた。

一九三八年六月、第五回静岡県融和団体連合会大会がもたれた。そこでは、国民精神総動員運動への参加、戦争にともなう国民の一致協力、「満蒙移民」への参加、国家のための体位向上、地区分散の断行、融和会への名称の統一などが示された。

大会では戦争態勢のなかで精神を総動員して、融和をすすめる方針が示された。融和問題を解決するうえで「満洲」移民がきわめて切要であるとみなし、地区分散によって、漸次（ぜんじ）、転居させて分散し、雑居させて職業の転換をすすめることも計画されたのである。

中央融和事業協会は「真の更生と融和問題の根本的解決とは大陸の進出にあり」と宣伝し、全国から移民を募集した。この呼びかけにより、小笠郡中村から「満洲」へと移民させられた笠原正男の体験談をみてみよう。

小笠郡中村での差別と解放の動き

当時の中村における部落差別の状況をまとめると、つぎのようになる。

地主が小作地を貸さないから耕作地がもてない。遠方の浜松方面へと出身地を隠して就職する。「逃亡生活」のような日々が続き、出身がわかると職を失う。隠していても付近の出身者、他の部落出身者との関係からわかってしまう。教育現場でも一般の子どもたちはともに遊んでくれない。買い物にいっても代金を直接受けとらず、ザルに入れ、洗ってから使う。娘たちは浜松などの繊維工場へ売られていく。地方改善事業も村で負債し、他地区からの妨害を受けて実施した。生活の苦しさは他人の所有する山に入り、薪（たきぎ）を取り燃料にするというあり方を強いた。それが「悪い」とは思われない生活苦があり、子どものころから薪拾いをはじめた。差別され弱い立場にあったたから、団結して行動した。水平社も結成された。

問われるべきは、部落民衆の団結した行動ではなく、団結せざるをえない、差別を温存する社会のしくみ、ありようであった。

笠原正男のおじが水平社の支部長を務め、父は融和会の理事になった。一五歳のころには水平運動で活動する気持ちが芽ばえた。小笠郡笠原村で水平社の演説会が開かれ、中村からも参加した。当時、松本治一郎、小山紋太郎、北原泰作、藤原権太郎（ふじわらごんたろう）らの演説を聞いた。

生活に困窮し、浜松へと「奉公」に出て、建設会社で働いた。会社ではかわいがられていたが、だれが調べたというのでもなく、部落出身であることが知られた。周囲の雰囲気から「わかったかな」と思った。言われる前に会社の主人の奥さんに部落出身であることを告白した。奥さんは理解のある人だった。長男であったため、満二〇歳のとき、徴兵検査もあり、帰郷した。

「満洲」移民団での差別

融和運動は、「満洲へ行けば差別が解消される」、「生活が楽になる」、「肥料はやらなくてもモノがとれる」、「肥沃で広い土地がある」などと宣伝した。「国のやること」に従い、「満洲」に行くことになった。部落差別と貧困のなか、生きようとする意思が「満洲」移民へとからめとられた。

中央融和事業協会は第七次「満洲」農業移民団へと六〇人を割り当て、全国から募集したが、静岡県からはその四分の一にあたる一四人が出された。内訳は、小笠郡中村が一人、浜松市が七人、浜名郡吉野村が五人、浜名郡三ヶ日が一人だった。

出発前に引佐農学校で移民の拓務訓練があったが、そこで差別事件がおきた。その問題を指摘し、校長と談判した。校長が差別した者を説得し、納得させた。

一九三九年二月二一日、敦賀（つるが）（福井県）から「満洲」に出発した。一泊した敦化（ドウンファ）（吉林省）という町で差別がおきた。班長の一人は浜松の部落の出身であったが、「班長やめろ」や出身を示す表現が落書されたのである。「だれが書いたのか」と調査がはじまり、差別者に対し、浜松の人びとが制裁した。

差別は、浜江省五常県（黒竜江省哈爾浜（ハルビン）市の南方）の山河屯にある入植地に到着してもおきた。そこではすでに先遣隊が建設をはじめていた。一軒の広い家に四八人が八〇日間、居住して生活した。その後、一二人で一班を組むことになった。吉野村の参加者は一人、病気のため先に帰国していたが、班編成時に一三人の部落出身者だけでひとつの班を編成させられた。

一〜二か月がすぎ、「満洲」へきても差別される、まったく無意味ではないかという思いがつのり、移民団を脱退した。県の社会課の安藤寛に差別を訴える手紙を送ったが、安藤はすでに兵庫県へ転勤し、不在だった。政府は、「満洲」へ行けば差別が解消するとし、「五族協和」や「八紘一宇（はっこういちう）」を宣伝していたが、現実は違っていた。

移民団からの脱退と帰国

「満洲」移民団を脱退したあと、土木技術を生かし、吉林省舒蘭（シューラン）県四家房の鉄道工事現場で働いた。西松組の下請けの清水組に入り、現場責任者として監督をし、中国人の募集もおこないながら、炭鉱から産出される石炭を輸送するための鉄道建設工事に従事した。当時、労働者の日給は「日本人が四円、朝鮮人が二円～三円五〇銭、中国人が一円～一円五〇銭だった」という。それが「五族協和」の現実だった。

清水組は一〇〇〇人ほどの労働者を雇用し、監督が一三人いた。日本人としてただ一人監督となった。残りの監督は朝鮮人だった。監督のもとに、中国人の小頭（こがしら）が二五人ほどの労働者を率いていた。会計は朝鮮人だった。現場の労働者は中国人や朝鮮人であったという。その地域には日本人は少なく、警備隊が二五〇人ほどいた。自分自身が差別されてきたから平等な考え方で接した。それゆえ仕事もはかどり、親方にする話もあった。ある日、親方が「人夫代六万円」を盗って逃亡する事件がおきた。吉林へと逃亡した親方を追っていき、交渉したがうまくいかず、結局、西松組にふたたび六万を支払ってもらうことで話をつけた。西松組は「若いがよく処理した」と評価し、西松組に雇用されることになった。

「満洲」での仕事の日々が続いたが、親戚を知る人が組に入ってきたことと自らの発言から「出身」がわかり、周囲の態度が変わった。一九四三年の六月ころ、日本へ帰った。

「満洲」での日本人の中国人への差別行為は激しかった。たとえば、馬車に乗っても料金を払わず、殴りかえして降りるという行為もみられた（以上、移民の経過は聞き取りによる）。

『静岡県社会事業』には、「満洲」農業移民の名簿が掲載されている。一九三九年二月号には、第七次「満洲」移民本隊員の名簿があり、そこには笠原正男の名前もある。この第七次の開拓団は天嶺開拓団と呼ばれ、静岡県からは計一二四人が送られ、敗戦後、帰還が確認できたのは八四人だった。

静岡県の指示により、中川根村の勝山平四郎や融和運動の活動をしていた榛原の石川喜七の二人が「満洲」視察に送られた。島田で水平運動を支援した加藤弘造は一九三四年に島田町長となり、「満洲」移民を積極的に推進するようになった。加藤は「満洲」移民のための日輪学舎を建て、一九四二年には翼賛選挙により衆議院議員になった。

総動員政策のもとで職業転換がすすめられ、一九三九年の時点で、静岡の「部落三一地区、従業者四八八〇人」のうち、職業転業は「六〇二人」に及び、このなかから三三人が「満洲」へと送られた。このように差別解消の手段として「満洲」移民が宣伝された。しかし、地区の過半が移民したところはなかった。

浜松の水平社の小林治太郎は一九四一年に「満洲」に移民した。小林は竜江省鎮東県（吉林省白城市の北方）の竜山福田開拓団に入った。二年ほど後に、養父として兄の子の徴兵見送りのために浜松へ帰ったが、「満洲」で肺の病を悪化させたため、一九四四年一月に死亡した。妻の小林ろくは治太郎の死のため、四人の子どもを連れて敗戦前に引き揚げた。

敗戦により、八月一六日、竜山福田開拓団にいた同郷の小山秋豊が死亡した。竜山福田開拓団は一九四一年の第一〇次の送出であり、静岡県からの移民団だった。総人員は三四七人、帰還は二三八人、死亡は一〇五人、未帰還は四人とされている。

静岡県からは「満洲」へと、計六五九五人の移民が送られた。そのうち帰還は四九〇八人、死亡は一四七五人、未帰還は二一二人である（『静岡県海外移住史』）。移民の結末は、棄民による数多くの死であった。

「満洲国」は「五族協和」「王道楽土」を実現できるものではなかった。それは日本が侵略し、中国民衆から収奪し、差別と弾圧で支えるという血の楼閣であった。中国民衆にとっては憤怒をもって奪い返さねばならないものであった。「移民」は侵略の一環であり、差別を解消できるものではなかった。

支配する階級は、階級の解放を求めて行動することになる貧農や失業者を「平和の戦士」「自衛移民」のかたちで組織し、侵略戦争の最前線へと動員した。天皇思想による「同胞融和」の宣伝は、他民族を差別し、侵略する行為に行きついた。

侵略戦争の最前線では、さまざまな差別と人権抑圧が重層化していた。天皇制軍隊内では、階級による支配と人権抑圧がおこなわれ、他民族を差別・支配する意識が形成された。国内で差別された民衆は「兵士」や「平和の戦士」とされて侵略戦争に動員され、中国民衆を侵略する側に立たされた。また「皇民」化政策によって植民地の民衆も徴用や徴兵により、戦争に強制動員された。日本軍の「慰安婦」とされ、性の奴隷とされた人びともいた。

第九章　水平社の解散と同和奉公会

1　「挙国一致」と水平運動・融和運動

水平社運動の衰退

水平社運動は高松差別裁判糺弾闘争をとおして県内の部落をオルグしたが、その後は融和運動に抗するような活動ができなかった。

一九三五年七月、静岡・清水をおそった震災に対し全国水平社総本部は「静岡県下の兄弟は震災復旧を斬く戦え」という指示を出した。それは、団結して部落総会を開いて復旧と救済に関する要求をきめ、被害地区対策委員会を組織し、県連と連絡をとって行動することを求めるものだった。

一九三六年六月には、静岡県連の大池西支部ほか三支部が解散した。一九三七年二月に、志太郡岡部町、浜名郡積志村などで差別発言があり、県連合会は糺弾を組織しようとしたが、警察官が仲介し、斡旋した。

一九三七年三月の全国水平社の第一四回大会（東京）には、静岡県から代議員が出なかった。一九三八年二月、全国水平社の中央委員会が開かれ、小山紋太郎が出席し、地方情勢を報告した。

一九三八年一一月に全国水平社の第一五回大会（大阪）が開かれた。そこで小山は中央委員に選出されたが、静岡からの代議員はいなかった。この大会では「挙国一致達成のため」「差別観念を根絶する一大国民運動」をすすめるという方針が提起された。

「挙国一致」の名のもとに国民を戦争へと動員する態勢が固められるなかで、水平運動は国家総動員への積極的参加を打ち出すようになった。県内の水平運動は、戦時の総動員の推進と社会運動への弾圧、融和運動の展開のなかで衰退した。

大和報国運動と厚生皇民運動

一九四〇年の全国水平社静岡県連合会の動きについてみてみよう。八月、全国水平社の拡大中央委員会が開かれ、小山は地方情勢を報告した。そこで戦地での差別の事例を報告し、挙国体制のために運動するとした。八月には愛知県連合会が解散式をおこなったが、全国水平社本部は小山紋太郎、朝倉重吉らを名古屋へ派遣し、解散に反対した。当時愛知県連合会では、部落厚生皇民運動派（生駒長一ら）と本部派（水野竹造ら）の対立が生まれていた。部落厚生皇民運動とは、北原泰作や松田喜一らが国民融和（赤子一体）を掲げ、全国水平社を国民間に対立を持ち込むものとし、翼賛体制へと解消しようとする運動だった。

小山紋太郎は水平社の解散に反対する立場であった。八月に東京でもたれた全国水平社の第一六回大会において、小山は中央委員として活動した。小山は地方情勢報告のなかで、中部地方には二〇年の努力にかかわらず、差別事件があると訴え、厚生皇民運動を推進するようになった北原泰作らの除名を提案し、水平社運動に今後も邁進していくべきことを主張した。

この全水第一六回大会では、「挙国総動員の大和運動」をすすめることが提起された。この大会の運動方針は「皇道国家建設」「君民一如」「赤子一体」「天業翼賛」といった言辞で飾られていた。大会では正面に荊冠旗にか

右傾化を示す全国水平社第16回大会（松本龍蔵）

わり「日の丸」が掲げられた。全国水平社の最後の大会となった。

権力側の調査によれば、当時静岡県連合会は二つに分かれて対応していた。小山は厚生皇民運動を批判し、水平社の解散に反対していた。高倉寿美蔵は八月、大阪での部落厚生皇民運動全国協議会第一回全国会議にほかの一人と共に参加し、理事の一人になった。

皇民運動に対し、一一月、松本治一郎ら全国水平社本部グループは東京で大和報国（たいわほうこく）運動を発足させた。全国水平社は当初、大和報国運動をすすめて中央融和事業協会と合体することをめざしたが、中央融和事業協会側が拒否したため、一部の融和運動関係者とともに大和報国運動をすすめることになった。大和報国運動には、静岡から小山紋太郎・村上文太郎・大高連三らが参加した。

水平社内で厚生皇民運動派と全国水平社本部の大和報国運動派の対立が生まれたが、皇民運動は一二月に解散した。一九四一年に入り、全国水平社は大和報国運動から離脱した。四一年には「同和奉公」の名による翼賛体制への統合の動きが強まった。

このころの全国水平社静岡県連合会は、浜松（小山紋太郎、二五人）、梅原（村上文太郎、二五人）、笠原（富山源七、五四人）、岡部（宮崎傳次郎、二二人）の四支部であった（内務省警保局『社会運動の状況』）。

一九四一年一二月の太平洋戦争の開戦にともない、言論・出版・集会・結社等臨時取締法が出され、政府による社会運動への弾圧が強められた。政府は全国水平社を思想に関する結社とみなしたが、全国水平社は思想結社の願書を内務省に提出しなかった。そのため、一九四二年一月、法的に消滅させられた。

政府・内務省は言論統制をおこない、捏造（ねつぞう）や誇張など、デマを飛ばしたものは厳罰に処するとしたが、その後の政府による戦争宣伝や戦況報告は虚偽・虚飾にあふれたものだった。

生活刷新実行要目

一九四〇年の融和運動の動きと生活統制についてみてみよう。

三月には国民融和強調運動週間が設定された。それは戦争にむけて銃後の「国民精神」をつくるためのものだった。運動週間では、五か条の誓文の「奉戴」記念日が設定され、「君が代」、遥拝、「詔書奉読」、融和講話などがなされた。また、映画会や講演会も企画された。

五月、第六回静岡県融和団体連合大会が「皇紀二千六百年」と結成一〇周年を記念して、浜松市内で開催された。大会には四〇〇人が参加した。

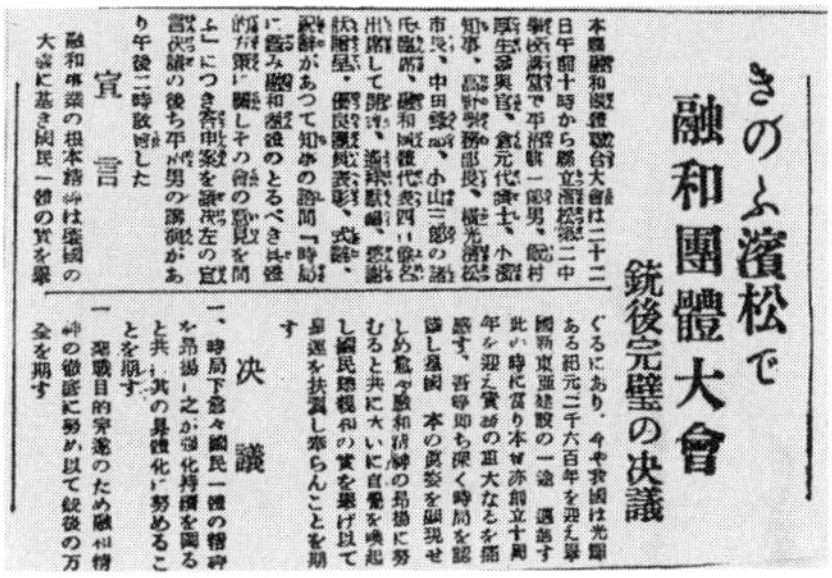
きのふ濱松で
融和團體大會
銃後完璧の決議
宣言
決議

聖戦完遂にむけての融和を決議
（「静岡新報」1940年5月24日付）

大会は、神宮・宮城遥拝ではじまり、黙禱（もくとう）、国歌、詔書奉読がなされた。また、「国民一体の精神」を高め、具現化させること、「聖戦目的の完遂」のために融和精神を徹底し、銃後の万全を期すること、生活を刷新し、自力更生に努め、和協一新の実を挙げることなどが決議された。その後、教育、内外の施設、啓蒙、地区分散などの協議がなされた。そして、一九三九年には首相であった平沼騏一郎が「天地の大愛に生きよ」、中央融和事業協会の小山三郎が「現下の融和事業」の題で講演した。

大会では、小山林（浜松）、九島作一（島田）、杉山國太郎（田方郡）らが表彰され、茗荷良太郎（浜名郡可美）、田中儀三郎（榛原郡相良）、伊藤林蔵（掛川）

1940年の静岡県融和団体連合大会
（『静岡県社会事業』1940年5月号）

らに感謝状が送られた。

　一〇月の県融和団体地区代表者協議会では、新体制翼賛運動として生活刷新実行要目が制定された。

　この生活刷新実行要目は、結婚や儀式、軍人送迎、葬儀、社交儀礼に関するものであり、必ず実行すべきものとされ、違背した場合には、配給物品の配給停止の誓約がともなった。

　実行要目の主なものは、結婚での結納金の制限、披露宴の簡素化、色直しの廃止、男子は国民服の着用、式後一年以内の入籍、鯉のぼり・雛人形・破魔矢（はまや）などの全廃、軍人送迎会での親戚・組合の送迎会の全廃、軍人の出征・退営の際の家庭での饗応（きょうおう）・土産物の禁止、組内毎戸の国旗を掲揚しての精神的送迎、軍人祈願の参詣の制限、葬儀時の会食・花籠・配物の禁止などである。

　この要目は、生活や集会などを統制し、戦争動員への批判を監視するためになされた。配給を止めるという罰則もつけられた。

融和教育

　ここで教育現場の状況と「融和教育」についてみておこう。

　教育の状態については小笠郡笠原村での聞き取りがある（「静岡県下の部落差別と解放運動」『関東東海被差別部落史研究』所収）。

部落の子どもたちは絣の着物に藁草履だった。当時の写真をみれば、一般の子どもは洋服を着用していたが、各学級に三〜四人が絣姿で写っている。遠足時、麻の草履の予備を持参したが、部落の子たちは予備がなく、帰りは裸足のときもあった。

部落のなかでは富裕な家でも弁当は醤油をかけたかきこがおかずだった。貧困のために弁当を持っていけなかった。他人の弁当のなかに餅を見つけ、みなで食べたこともあった。「勤労奉仕」という名で、小学校六年から高等一年まで他の農家へ動員させられた。その家の飯は白く、自分たちの家の飯は米がどこにあるのかもわからなかった。そのような現実のなかで、自分たちよりも富裕な農家を手伝うことに疑問が湧いた。

学校にも行かなくなる。学校にときたま行けば、正座させられ、竹の棒でみみずばれができるほど殴られた。差別から生まれる不満が、教師や学校への抗議になった。ノートが買えず、教科書を借り歩いた。卒業式に着る服がなく、出る気がしない。家のなかで学習する場がなく、学校に行っても差別されて教室のなかに入ることができない。

部落の子どもたちの現実はこのようなものであった。他方で、融和政策によって「融和教育」がすすめられた。かつて水平運動を支援した近藤恭一郎は、このころ、融和教育を全体主義的国家の視点から重視した。ここで近藤のいう全体主義的国家とは、個人主義による利益社会的国家や社会主義による階級国家ではなく、「八紘一宇」に向かうものであった。近藤は全体主義を主張するようになっていた（「融和教育への一提言」『融和事業研究』四二、一九三七年）。近藤だけではなく、島田の加藤弘造も翼賛体制を支持し、「満洲」移民に加担するようになっていた。奈良の西光万吉をはじめ、全国水平社創立時の活動者で国家主義の方向にすすんだ者も多かった。

一九四〇年五月、静岡県融和教育会は指導者講習会を開き、指定校での融和映画や紙芝居による生活改善の宣伝などを指示した。また女子中堅青年講習会を掛川（一月）、伊豆長岡（一月）、島田（三月）と開き、中堅女性の組織化をねらった。戦時下の生活統制の一環である。

八月には、周智郡久努（くど）村の可睡斎（かすいさい）で県内の小学校訓導六〇人を集めて、融和教育講習会がもたれた。そこでは社会事業、融和事業、融和教育に関する講話がなされた。

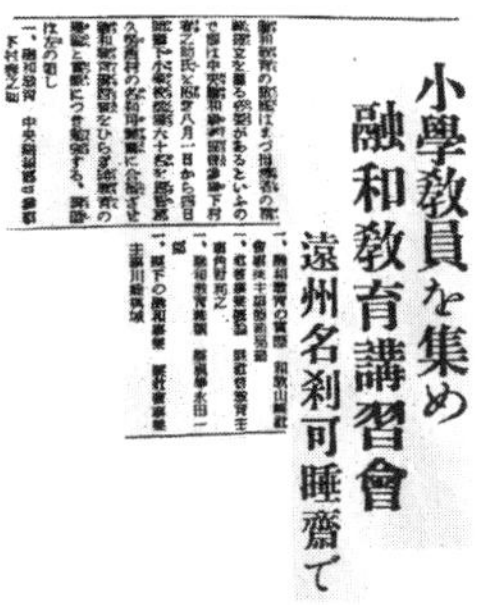
小學教員を集め
融和教育講習會
遠州名刹可睡齋で

融和教育講習会の記事（「静岡新報」1940年7月31日付）

このころの教育状況を記したものが、中泉西尋常小学校の『本校融和教育施設概要』である。

当時、中泉西小学校の約一〇〇〇人の子どものうち、一四〇から一五〇人が部落の子どもたちだった。「成績一覧」「操行及皆出席者調」をみると、六学年で「一〇点」「優」がないなど、格差がみられる。教科の方針をみると「融和の完成」を期するとされ、差別感染の予防、早期発見による感染芟除（さんじょ）、一般児童の自覚啓蒙、地区児童の特別援助などが記されている。

融和教育では差別を「感染」するものとし、予防・啓蒙によって解決されるものととらえていた。このような発想のもとに、「一億協和の社会」の現出を「使命」とし、「人格の尊厳性」「真の人間社会の道徳の堅持」を求めたのである。

皇紀2600年（1940年）を示す白山神社の狛犬（磐田市内）

「融和教育」は、この中泉西小学校の「修身」の項目にみられるように、「皇室尊崇、忠君愛国、滅私奉公」のための「相互扶助」体制、「善良有為の国民」づくりをめざすものであった。ここでの「一億協和」は、帝国主義による戦争への民衆動員をすすめるためのものであった。

浜名湖の西方にある尋常高等小学校では「皇魂教育」が報徳

精神を含めて実践されていたが、それが融和教育になっていると評価された。近くには、太平洋遠望の際に明治天皇が止まったとされる「御車止めの聖地」があり、それが「皇魂教育」のはじまりという（「融和教育視察報告書」神戸市）。

この時期の「融和教育」は、差別を生む社会的諸関係を問うものではなく、被差別の現実を変えようとするものでもなかった。協和や皇魂と、表現の違いはあるが、国家は教育によって部落民衆を翼賛体制に同化させ、戦争に動員していくようになる。

2　同和奉公会と戦争動員

「協調融和」から「同和奉公」へ

一九四一年に入ると、中央融和事業協会は「協調融和」から「同和奉公」へと理念を変更した。全国三八の融和団体が改編・統合され、六月、同和奉公会へと再編された。各地の融和会は「同和会」へと名称を変更させられた。融和事業は同和事業とされ、融和教育は同和教育と表現されるようになった。

同和奉公会は「国民一丸となり困難にあたる」ための翼賛組織であり、天皇のもとで臣民として和合し、「奉公」させるための団体だった。同和奉公会は、戦時の総動員による部落産業の再編に対応し、部落民衆に職業の転換を強い、「勤労報国」の名による動員をすすめた。

井上良一は一九四〇年に静岡県実用草履生産組合の設立にかかわり、八ヶ岳でもたれた新体制下指導員講習会に参加、資源調整指導員にもなった。ここでの資源調整とは職業転換のことである。

一九四一年一二月、全日本靴修理工業組合連合会結成のための第一回準備会がもたれた。その際、小山紋太郎は三人の仲間とともに準備会に参加した。この会は大阪の松田喜一らが組織したものである。この会はその後、何回か準備会をもち、部落民衆の経済更生による同和事業への協力などを表明したが、一九四二年四月、松田はひそかな啓蒙活動を理由に検挙された。

この会は日本靴修繕業組合連合会（理事長・米田富）のかたちで結成され、一九四三年五月に創立大会をもった。小山は静岡県内の一四三人の組合員の代表となった。この団体の目的は組合員の「聖戦完勝」にむけての体勢を確立させ、「国策」に奉公させることとされていた。設立の真の目的は、業者間の交流と生活権の擁護であったとみられるが、「国民動員計画」のもとで「過剰人員」を重要産業方面に送り出すために利用された。

一九四三年七月、静岡県と同和奉公会は県庁で満洲移民送出対策研究協議会をもった。そこでは同和関係地区民を「満洲」開拓に動員するための方策が協議され、第一三次の集団開拓移民の編成、同和奉公会による移住奨励補助についても話しあわれた。

同年、同和奉公会静岡県本部は第一回戦時同和事業連絡協議会をもった。この協議会は、決戦下、同和事業の進展・強化が戦力増強上、緊喫の要務であるとし、同和事業をすすめる方策をたてるためにもたれた。一一月には、袖師（そでし）や磐田で集いがもたれた（「同和」一五、一九四三年一一月）。同和奉公会は一九四四年三月、各地で生活指導協議会・婦人講習会を開催した。一九四四年六月には決戦同和事業促進連絡協議会がもたれた。

一九四四年九月末には、掛川で同和教育指導者錬成講習会がもたれた。この講習会では、軍事厚生課長の五十嵐文雄が「決戦下に於ける戦力増強と同和事業」、地方事務官の川崎典城が「同和事業と教育者の使命」、同和奉公会静岡県本部主事の大高連三が「決戦下に於ける同和促進運動」、平田村国民学校長の谷雄治が「校外指導の実際」などの題で講演した。

このように同和奉公会は日本が遂行する戦争の勝利にむけて、天皇のもとで臣民が差別することなく、「同和」し、生命を捧げて戦うことをすすめた。水平社の活動者も同和奉公会に組み込まれていった。

戦時下の差別の実態

戦時下、部落差別は続いていた。同和奉公会の「各府県下ニ起レル差別事件調査」は一九四〇年から四一年にかけての各地の差別事件を収録したものであるが、そこには静岡県の事例も収録されている。

収録されている事件は、一九四〇年七月、周智郡宇刈（うがり）村で子どもが行商人を侮蔑、九月、吉田町で草履の行商人を差別、同月、周智郡天方（あまがた）村でリヤカーと自転車との事故の際に蔑視する発言、一九四一年一月、志太郡岡部町で部落の子どもを注意する際に差別、同月、浜松市元城（もとしろ）小学校での健康博覧会で説明者が失言、二月、富士郡今泉（いまいずみ）村で部落民は「人間ではない」とする発言、三月、島田町のカフェで部落を示して差別、四月、大宮町の料理店で、産業組合連合会役員の飲酒中に部落出身役員を差別、六月、榛原郡勝間田村牧之原（まきのはら）の海軍飛行場建設現場にあった軍夫寄宿舎での差別などである。

牧之原の海軍飛行場の建設現場での事件についてみてみよう。

部落からも軍工事に動員されていたが、入浴中に指を出して差別されるなど、常日頃から差別的言辞を浴びせられた。本人はがまんしてきたが、外泊を利用して帰宅し、その差別の事実を地元の青年に訴えた。その話を聞いた青年は激昂（げきこう）して、差別者を殴打、暴行したのである。この事件に対し、警察は全軍夫に「軽挙妄動」しないように諭旨し、積極的に関係方面と連絡し、事態の拡大を防止した。さらに、浜松の憲兵分隊もかかわり、始末書を書かせ、懇談会を開催したのだった。

一九四四年には、笠原村での牛泥棒事件の際に、地域への集中捜査がおこなわれたこともあった。

これらの事例は部落への日常的な差別を示すものであるが、このような侮辱に対しては強い怒りが示された。

それは人間の尊厳を確立し、平等を実現したいという思いの表現であった。

戦時動員

戦争の拡大は、部落民衆の労働形態を変え、豊川（とよかわ）海軍工廠（こうしょう）や名古屋など各地の軍需工場に徴用されるなど、労務での動員がなされた。また、青年層の軍事動員がすすめられ、アジア各地の戦場に送られた。

部落の寺院には、戦時動員による死者を追悼する碑がある。碑や追悼の記録からは、「同和奉公」の名によって数多くの青年が戦争に動員され、死を強いられたことがわかる。

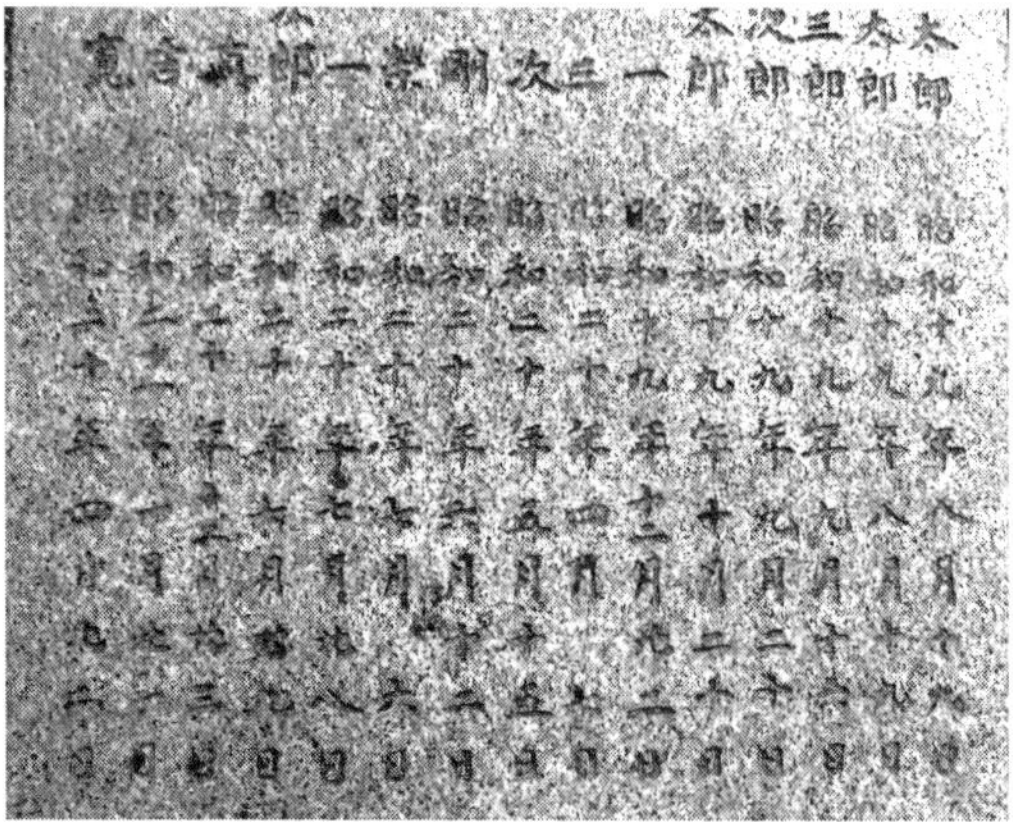

島田の追悼碑。1944年から45年にかけての死者が多い

島田では、中国山西省、中国中部、「満洲」、香港、フィリピンのレイテ、ルソン、バギオ、バシー海峡、南方のブーゲンビル、サイパン、ガダルカナル、北ボルネオ、タラワ、ビルマ、沖縄西南方海上などで死亡している。

島田の寺院の墓地の右方に、戦争死者の追悼碑と明治天皇遥拝碑が並んで置かれている。天皇遥拝碑は、明治の「解放令」による差別の撤廃を願い、一九二四年に青年会が建てたものであるが、その天皇賛美と遥拝の思想は、その後、同和奉公による戦争動員とそれによる多数の死者をもたらすことになった。二つの碑はその歴史を物語る。

小笠郡の平田では、中国の華北、広西省、南方のテニアン、グアム、南洋海上、フィリピンのネグロス、ミンダナオ、ルソン、台湾海上、沖縄、鹿児島南東の宇治（うじ）島海上、硫黄（いおう）島などで死亡している。愛知時

浜松市内の公園の追悼碑

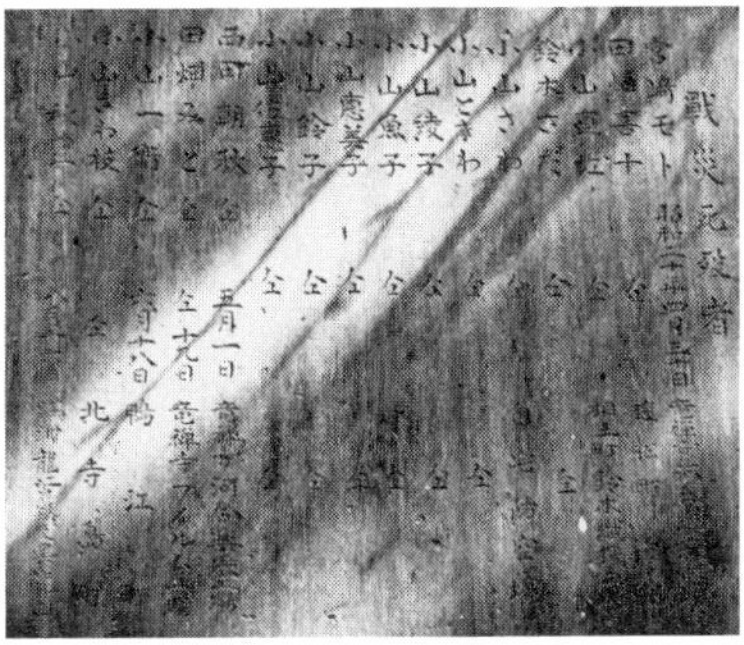

浜松空襲での死者名

計電機に徴用され、空襲によって死亡した者もいた。

　掛川からは、中国の漢口、湖南省、江西省、台湾東方海上、フィリピンのルソン、レイテ、ビルマ、ニューギニア、ブーゲンビル、ソロモン群島、沖縄、豊川海軍工廠などに動員され、死亡した。ソ連に抑留されチタ州で亡くなった者もいた。ある兵士の墓碑には、名古屋から中国に送られ、腹部を銃弾が貫通したため死亡したが、その際、「天皇陛下万歳」と言ったと刻まれている。

　浜松市内の公園にある追悼碑には、徴兵や空襲などによる死者の名前、死亡年月日、死亡地などが刻まれている。碑からは、中国の上海、蘇州、江蘇省、湖南省、広西省、中国南方海上、台湾東方海上、ノモンハン、フィリピンのレイテ、アルベラ、ルソン、セレベス、ネグロス、バターン半島、ミンダナオ、バシー海峡、南方のガダルカナル沖、ニューギニア、マリアナ、タロア、サイパン、ビルマ、東京などで死亡したことがわかる。戦場で傷つき、帰国後、病死した者もいる。

　浜松での空襲により、河合楽器、鈴木式織機、竜禅寺フイルム工場など軍需生産の現場で死亡した人びともいた。一九四五年四月三〇日の空襲では、自宅防空壕(ごう)で小山さわ、ときわ、綾子、魚子、恵美子、鈴子、佐恵子の家族が亡くなった。

　戦争による徴兵や空襲などでの死亡者の数は五五人に及ぶ。この追悼碑は戦争による動員や空襲による被害状況を伝えるものである。

浜名郡吉野村での死亡者も多い。墓碑からは、南洋のウェーキ島、マリアナ諸島、グアム島方面、ビルマのカマイン北方、中国の湖南省などの戦場に動員されて戦死したことがわかる。豊川海軍工廠に徴用され、空襲で亡くなった人もいた。当時二八〇戸ほどの村から五〇人に及ぶ戦争死者が出たわけである。

小笠郡南山の武井岩雄は、一九四三年六月に臨時召集された。二人めの子どもが生まれた二か月後のことだった。三島から下関、釜山を経て、「満洲」北部の孫呉に送られた。建築勤務第四六中隊員として、孫呉北方の北崖山、興安嶺、江岸などの陣地構築に動員された。

敗戦は孫呉北方で迎えたが、ソ連軍によって九月にシベリアに送られた。農場で馬鈴薯（ばれいしょ）やキャベツの収穫作業をさせられたが、栄養失調になった。一九四六年一月にブラゴチェンスク陸軍病院に送られ、朝鮮の古茂山（コムサン）収容所に送り返された。体調がよくなると興南（フンナム）の収容所に送られ、一九四七年三月に興南から佐世保に帰還できた。

吉野村の戦争死者の墓碑

小笠郡中村の松下剛一（まつしたごういち）は一九二四年に生まれた。中村の小学校を卒業し、東京に行き、逓信講習所で学び、蒲田（かばた）郵便局に勤務したが、一九四四年に徴兵された。野砲兵第三連隊補充隊から、中国湖北省の漢口をへて、宜昌（イーチャン）方面に送られた。そこで敗戦を迎えるが、捕虜となった。収容所でも日本軍の階級制度が残り、抑圧されたため、脱走し、中国内で労働しながら転々とした。その後、漢口の中国第六戦区日本兵管理所から一九四六年八月に日本へと帰還した。

松下は戦争体験記『遥かなる湖北省』で軍隊生活をつぎのように記している。

> 軍隊では、星の数（階級）で人間の差別があり、間違った行為でも絶対に服従しなければならない。一九年兵（一九四四年徴兵者）はゴミのように投

げ捨てられた。生きようと死のうと、人間として扱われなかった。上官の命令は朕（天皇）の命令と言って、兵は殴り殺されようと反抗はできない。それを見て止めるものもいない。たとえ死んでも適当に処置される。このような仕打ちをされ、戦闘の弾除けに突進させられた初年兵を哀れに思う。兵隊は操り人形だった。友情や思いやりのかけらもなく、生き長らえていくのが精一杯だった。当時の軍閥のような存在を二度と繰り返してはならない。

（要約）

このように、帰還できた者も苦難に満ちた体験をしたのである。松下剛一の祖父・松下伊之吉は水平社の活動者だった。剛一が戦争をこのようなかたちで総括できたのは、平等な社会を求めた人びとの社会認識の力が剛一のなかに育まれていたからであろう。

戦時の良心

吉野村の死者の一人である長谷重義の碑文からは、つぎのことがわかる。

長谷重義は一九一九年にこの地で生まれた。一九三四年に上京し、一九三九年に東京工科学校を卒業した。翌年、徴兵され、通信兵として電信第一連隊に入隊した。一九四一年一二月、太平洋戦争の開戦にともない、マレー上陸作戦に動員された。長谷は、マレーのジョホール州クルアン県のバロー村で分隊長として、スパイ行動の警戒をさせられた。住民は山奥に逃げていたが、長谷が物資を渡したり、日本語を教えたりしたことから、村に戻ってきた。一九四二年六月二一日、バロー付近で抗日軍による襲撃事件がおき、長谷は重傷を負った。憲兵隊はただちにバローの住民全員を銃殺するように命令したが、長谷は他の住民には罪がないと、銃殺に反対し、二二日に死亡した。その後、住民は長谷を命の恩人とし、かれの祈念塔を建て、祭祀した。一九七〇年九月、

長谷重義の墓碑

ジョホール州の現地住民の代表が生家を訪問し、当時の状況を報告し、感謝の意を伝えた。

墓碑には、長谷が日本軍による住民虐殺を止めたことが記されている。当時、マレー半島各地で抗日軍が活動し、それに対して日本軍による住民虐殺が多発していた。戦場に動員され、住民に銃剣をむけるという状況のなかで、長谷は良心ある行動を選択した。長谷はキリスト者であり、それが住民とのつながりを強めることにつながったという。天皇の兵士とされ、死が名誉とされ、命令への服従が強制されていたわけであるが、長谷には、人間として民族をこえ、他者をいたわる心が消されずにあったのだろう。

佐藤政雄は西伊豆の松崎の部落で育った。家業は棺桶づくりだった。養父は、架線工事の電気職人になったが、弟子が兵とされて出発する際、生きて帰ってこいと語る人物だった。佐藤は大阪で働くようになり、伊豆で徴兵検査を受けた。母からは、これで天子様にご奉公できる、名誉なことであるという手紙がきた。

佐藤は、戦争に行きたくない、人を殺したくない、死にたくないと思い、九州まで逃げ、途中、母に手紙を送った。しかし、母は、村八分にされる、一家のため戦争に行ってほしいと、その手紙を憲兵に渡した。そのため、九州の唐津で捕えられ、静岡の歩兵第三四連隊に入れられた。部隊は中国戦線に送られ、戦死者も多く出たが、佐藤は生還した。戦後、佐藤は俳優・三國連太郎として活躍し、部落差別を批判する表現を残した。

同和奉公とは天皇のために戦い、死ぬことを名誉とするものであり、殺したくない、死にたくないという気持ちを許さないものだった。その同和奉公の精神は、徴兵を忌避した子の行方を親に密告させることまで強いたのである。

しかし、人間の良心を消し去ることはできない。殺したくない、死にたくないという気持ちは人間にとって大切な心情である。このような思いが大切にされること、胸を張って故郷を語れるようになること、心に針を刺されるような痛みのない世の中にすること、そのような差別と戦争のない平和な社会の建設は、敗戦後の日本の課題となった。

おわりに

戦争での殺戮(さつりく)の基礎には、人種差別・民族差別の意識がある。戦争は支配階級がその支配を維持するために被支配階級を動員しておこなうものであるが、そのような階級支配による戦争への対抗と人種差別・民族差別の克服が求められていた。

水平社の運動は差別からの解放を求め、ファシズムと戦争に反対した。しかし、侵略戦争の拡大によって運動への弾圧が強まるなかで、「大和報国」へと転向し、一九四二年一月には消滅を強いられた。融和運動は同和奉公の名による翼賛体制に組み込まれ、天皇制と侵略戦争に加担した。そのなかで、民衆は戦争へと動員され、数多くの戦争死者を生んだ。

けれども、差別からの解放を求めた人びとの歴史の記憶を消し去ることはできない。人間を呪縛する鉄鎖を断ち、人間を尊敬することで、人間の共同と世界の平和を求めた人びとの思いは、継承されるべきものである。

荊冠の旗は朽ちることなくよみがえり、人間の尊厳とともにある。静岡県水平社の笠原支部は、荊冠の旗を保存しつづけ、敗戦後、ふたたび解放の旗を掲げた。

あとがき

一九八二年は全国水平社結成から六〇年であり、それを記念して関連書籍が数多く出版された。このころ、静岡県袋井市の部落で中学生の学習会がもたれていたが、一九八六年から数年、その学習支援の活動に参加した。そのなかで、部落解放運動の歴史について学ぶ必要を感じ、静岡県の動きについて資料調査や聞き取りをはじめた。

静岡県の水平社運動についての記事は「静岡県水平運動史」の題で、『静岡県近代史研究』一三号・一四号（一九八七年・八八年、静岡県近代史研究会）に掲載された。この本の文章は、その後の調査記事を加えて、大幅に書き直したものである。

ここでは、主として二〇世紀の前半の差別撤廃にむけての運動の歴史について記した。近代以前の歴史や戦後の運動の歴史についてはここでは記すことができなかった。今後の課題である。

近代の人権運動の歴史は、君主制度や奴隷制度の廃止、人種差別の撤廃の動きとともにある。君主制度との闘いのなかで自由権が獲得され、新たに形成された資本主義の矛盾のなかで社会権が提起され、植民地支配からの解放運動のなかで、民族自決権が確立された。二〇世紀前半は社会権、民族自決権や女性の権利などが確立していった時期であり、そこには階級や人種、性による差別に対する、尊厳回復への熱い思いがあった。そのような世界史のなかで、日本では水平社運動が形成されたのである。

人権運動の世界的な動きは、一九六五年一二月、国際連合で採択された人種差別撤廃条約（あらゆる形態の人種差別の撤廃に関する国際条約）に結実した。この条約では、人種差別の定義を第一条で、人種、皮膚の色、世系（せいけい）または民族的もしくは種族的出身にもとづくあらゆる区別、排除、制限または優先であるとした。

ここでの「世系」とは、祖先からの血筋、系譜のことであり、門地と記すこともできる。国際的な認識では、部落差別やカーストによる差別は、世系による差別にあたり、人種差別のひとつとして把握される。人権運動の国際化は、このような認識を獲得してきたのである。

人種差別は戦争政策を支えるテコである。ここでみてきたように、支配の側は、徹底的な平等を求めた運動を弾圧し、融和の名による懐柔をすすめ、民衆を戦争の前線へと駆りたてた。

二一世紀に入り、グローバリゼーションがすすみ、グローバルなかたちでの新たな戦争がはじまっている。宇宙を軍事化し、利権とする時代になった。過去の歴史を歪曲（わいきょく）し、国益や排外を宣伝する政治的傾向が強まり、ウェブサイトなどで差別をあおる者もいる。そのような動きに抗し、歴史に学び、人種、民族、世系、性での差別を克服しようとする運動もある。そのような運動がグローバルな戦争を止める力になるだろう。

二〇一二年は全国水平社結成から九〇年、二〇一五年は戦後七〇年である。当時、差別からの解放を求めて活動した人びとの多くが亡くなった。人びとが残した解放にむけての思いと未完の課題を受けとめたい。

侵略戦争と植民地支配の歴史をみつめ、部落差別の撤廃を含め、あらゆる人種差別の撤廃にむけて、歴史への認識力を高めながら、行動するときであると思う。

（二〇一六年一月）

静岡県水平社関係年表

年	月	出来事
1898	12	浜名郡、吉野村風俗改善同盟会結成（北村電三郎）
1913	2	小笠郡平田、風俗改善同盟会の活動（中島伊三吉）
	2	小笠郡南山、青年修養会の活動（井上良一）
	－	榛原郡川崎、風紀改善同盟会結成（田崎武七）
1914	－	島田、青年会の活動（尾崎日新ら）
1916	－	榛原郡改善同志会の設立
	－	榛原、田崎文蔵・嫩葉「明治之光」「公道」に投稿（～17年）
1918	8	大池、浜松、藤枝など、米騒動に部落民参加
	－	小笠郡笠原、融和教育（日向島吉）
1919	2	東京、第１回同情融和大会、議会に請願、北村電三郎らも参加
	5	富士郡大宮、部落移転決議
	9	小笠郡改善同盟会結成（井上良一）
	10	東海履物労働組合（豊橋・浜松・静岡）の争議
	－	小笠郡中村、戸主会の設立、改善運動
1920	3	静岡県社会事業協会設立
1921	2	東京、第２回同情融和大会、静岡から50人、北村講演
	10	井上良一「融和の近みち」（「静岡県社会事業協会会報」2）
1922	3	京都、全国水平社結成
	4	県内各地で部落改善の講演会開催（～11月）
	5	静岡県下に方面委員を置く
	6	内務省「部落改善の概況」（静岡の記事も）
	9	三島、役場吏員の差別発言に抗議
1923	3	全国水平社第２回大会、静岡からも参加
	3	小山紋太郎ら、静岡県水平社を結成（浜松）
	3	水平社、浜松連隊司令官の差別発言糺弾
	9	小笠郡笠原、70戸四百数十人の改姓出願
1924	1	吉野村、自治記念碑建立
	2	北村電三郎、風俗改善の活動により藍綬褒章
	3	県社会課「地方改善実例」発行
	4	名古屋で静岡・愛知・岐阜３県の水平社連合大会開催
	5	浜松、静岡県水平社創立１周年大会
	5	島田水平社（関東水平社連盟島田支部）創立
	7	島田で明治天皇遥拝碑建立、水平歌の差押処分
	10	南山、高松神社氏子加入問題（～25年）
	10	県地方改善実行委員会設置、16区64人
	11	県社会事業協会に融和部設置
	12	全国水平社執行委員会（小山紋太郎出席）、内部対立へ
	－	水平新聞、県下で795部配布
	－	島田、栃山川堰問題、翌年に改良工事へ
	－	榛原郡吉田、この頃、恢進彰風会の活動（中村直次郎）
	－	浜松、総代選出の機会均等など改善運動（茗荷茂平）

年	月	出来事
1924	－	島田の加藤弘造「不幸の同胞小研究」作成
1925	2	志太郡、岡部水平社結成
	3	浜松、水平社東海連盟第３回大会開催
	3	掛川、大池西で水平社結成、差別発言糺弾
	4	磐田郡、二俣水平社大会開催
	4	島田水平社創立１周年記念大会開催
	5	南山で水平社結成
	5	山梨県水平社結成大会、小山、杉浦繁尾が応援
	5	北村ら「静岡県融和連盟」設立
	6	小笠郡平田、榛原郡川崎、磐田郡梅原で水平社結成
	6	島田、県水平社支部長会議、「自由新聞」の発行（第１号）
	7	岡部水平社、立石神社差別糺弾、解決
	7	梅原、水平社講演会、浜松・掛川で差別糺弾
	8	大池東水平社結成、大池東西水平社連合夏期大会開催
	8	岡部・相良・静岡・浜松など各地で水平社夏期巡回講演会
	9	内務省社会局に中央融和事業協会設立
	10	南山、高松神社差別事件解決
	10	京都・東七条で全国水平社青年連盟協議会、小山出席
1926	1	島田、「平等新聞」第８号発行、「自由新聞」の発行は静岡から埼玉へ
	1	黒色青年連盟結成、静岡で「大衆評論」発刊
	1	県水平社、浜松での融和講習会に抗議
	1	鈴木式織機争議を水平社支援（～２月）
	2	小山紋太郎「鈴木織機争議観」（「浜松新聞」）
	2	鈴木式織機争議官憲糺弾大演説会に小山、杉浦参加
	2	掛川、県水平社委員会、運動方針を協議
	3	中泉、県水平社連合大会開催
	4	浜松、香具師の差別発言を糺弾
	5	福岡、全国水平社第５回大会、小山、杉浦参加
	5	浜松、県水平社第３回大会開催
	5	日本楽器争議、日本主義労農同志会の差別文書を糺弾
	6	県社会課「同胞敬愛」発行
	8	静岡市、部落解放講演会、山本林之助・近藤恭一郎
	9	東京、全国水平社解放連盟結成、名古屋に本部、小山・杉浦・小林治太郎・高倉寿美蔵参加
	11	京都、東七条水平社解放連盟大会に小林参加
1927	1	小笠郡、千浜村北部改進会結成
	1	京都、日本水平社結成に小山菊太郎参加
	1	岐阜、北原泰作の入営見送り（静岡からも参加）
	2	融和事業表彰に中島伊三吉、飯島了正、宮本均之
	3	相良、融和問題講演会（下村春之助）
	3	県社会課「細民生活状態調査報告」発行
	4	愛知・海部郡水平社大会、埼玉・入間郡水平社連合大会、長野県水平社大会など浜松から参加し、演説

年	月	出来事
1927	5	小山「平民の鐘」発行により、罰金
	5	静岡市、県水平社主催で福岡連隊爆破事件真相演説会開催
	7	全水解放連盟の「全国水平新聞」、長野で発行へ
	8	浜名湖で結婚差別心中事件
	8	愛知・新舞子水平社集会に小林参加、9月には海部郡へ
	11	横須賀で融和問題講習会実施
	11	小山、東京・浅草へと求職
	11	北原泰作直訴行動、小山ら支援の活動
1928	3	県水平社、「水平運動第5年度 差別事件経過報告書」発行
	3	県社会課「部落問題の発生に就て」(下村春之助) 発行、各地で融和事業講演会開催
	3	榛原郡融和会結成
	3	浜松、追分小の木村少年死亡 (「水平新聞」23)
	4	融和促進に関する内務省訓令
	6	県知事、融和事業の指示、藤枝で融和促進のポスター
	7	奈良、水平社府県代表者会議、小林参加
	8	韮山、融和問題講演会開催 (下村春之助)
	8	藤枝町同和会結成
	11	可美村融和会結成
	12	浜松市融和協会、中泉町融和会設立
	12	県社会事業協会、国民融和週間を推進
	12	京都の全国融和団体大会に静岡県から参加
	12	小山、西宮で北原の護送列車に激励行動
	-	浜名、「村落通信」の発行
1929	1	川崎、第5回融和事業講習会開催 (池田秀雄)
	2	小山、「民衆の中へ」2号に寄稿
	3	全国水平社中央委員会に小山出席、「過去の水平運動の批判」
	8	志太郡青年団、融和促進の講演 (安藤寛) と映画
	8	梅原戸主会発足
	9	榛原郡融和会役員会開催
	10	千浜、遠州鼻緒製造会社争議
	10	北原泰作、姫路の教化隊を出所、歓迎集会、小山ら参加
	11	名古屋、全国水平社第8回大会、全水解放連盟解散へ
	11	岐阜、県水平社第7回大会、北原演説会に小山参加
1930	1	浜松・掛川、融和事業講習会実施
	1	五和村融和会結成
	2	浜松、北原泰作直訴事件真相発表会開催
	3	浜名郡融和会結成 (北村電三郎ら)
	3	藤枝町同和会の総会と懇談会 (山本正男、安藤寛)
	4	「世の為人乃為」39 (県社会事業協会)、融和特集
	4	豊橋連隊差別糺弾闘争はじまる (~8月)
	5	小山「全国水平社解放連盟解体に就いて」発行 (大阪・荊冠社)、発禁処分
	5	豊橋で豊橋連隊差別糺弾演説会開催

年	月	出来事
1930	7	浜松で豊橋連隊差別糺弾演説会開催
	7	水平社静岡県連・愛知県連、豊橋連隊差別糺弾・帝国主義戦争反対のビラ
	10	浜松、タイヤ裏草履職工、工賃値下げに抗議、寺院で集会
	10	群馬、日本統一党結成大会、中執に小山菊太郎
	11	沼津で細民慰安会開催
	12	大阪、全国水平社第９回大会、小林治太郎参加、大会運営批判
1931	2	東京で第２回全国融和団体の集会、静岡から安藤寛、茗荷信三、桜井要次郎、大石廉一、井上良一、佐野栄三郎、増田年郎ら参加
	2	小笠郡融和会創立、４月に創立大会（大日本報徳社）
	3	南山村融和会発会式（30年10月結成）
	4	「世の為人乃為」で移民特集
	4	安藤寛「静岡県下の部落産業問題に就て」（『融和事業研究』14）
	5	相良町融和会設立
	6	県下中等学校で融和問題講演会開催
	7	小笠郡融和会による映画会開催（～８月）
	11	小笠、県下融和団体代表者会議開催
	12	奈良、全国水平社第10回大会、全水解消論の提議
	12	静岡県融和団体連合会創立大会（会長大石廉一）
1932	1	第１回女子融和事業講習会実施（可睡斎）
	1	小笠郡融和会、笠原・千浜・中村などで講演会（安藤寛）～２月
	2	「部落産業経済概況」中央融和事業協会
	2	安藤寛「融和運動に於ける恐怖心に就て」（『静岡県社会事業』）
	8	第２回女子融和事業講習会、浜松で曙女子青年団結成
	9	掛川、部落経済更生地方協議会（赤堀郁太郎）
	9	小笠郡融和会総会開催
	10	浜松、第２回県融和団体連合会大会開催、生活改善実行要目設定
	11	島田、地方改善講習会実施（山本正男）
1933	1	小笠郡融和会、融和修養講習会実施（各村～４月）
	3	「静岡県社会事業」融和特集
	3	福岡、全国水平社第11回大会
	3	島田町融和会設立
	7	藤枝、志太郡同和会創立
	7	伊東、関東融和連盟協議会開催、応急施設・自力更生補助の陳情へ
	7	小笠郡融和会、22か村で映画会（～８月）、９月に総会開催
	8	高松差別裁判糺弾闘争、小山、香川へ派遣、浜松で報告会実施
	8	大阪、差別裁判糺弾全国部落代表者会議、小山ら２人参加
	8	県融和団体連合会役員会、高松地裁判決で陳情へ（９月上京）
	10	請願行進隊浜松へ　請願隊員小林治太郎、高倉寿美蔵から小山紋太郎、高倉美代蔵に交代、浜松、中泉、相良、島田、岡部、川崎などで演説会実施
	11	静岡市、第３回静岡県融和団体協議会開催
	11	東京、請願代表全体会議（小山は東京に残留）
	−	南山、井上良一、議員に当選
1934	1	全国水平社中央委員会、第２回差別裁判糺弾闘争委員会（高倉寿美蔵、小林治太郎参加）

年	月	出来事
1934	4	京都、全国水平社第12回大会に小山参加、地方情勢を報告
	7	全国水平社静岡県連「請願隊は如何に闘ったか」発行
	7	小山、自転車で全国部落調査へ
	8	小笠郡融和会、各村で生活改善座談会（～10月）、9月総会開催
	10	沼津、東部融和事業研究会実施（山本正男、安藤寛）
	11	吉田村融和会設立
	11	南山、更生実行組合規約作成
	11	磐田郡で竹刀講習会（～35年5月）
	12	小山「「部落委員会活動に就いて」を読みて」（「水平新聞」再刊2号）
1935	1	全国水平社第2回中央委員会、小山、佐藤中将糺弾闘争委員へ
	2	県海外移住協会、第5回植民講習所開設、満洲事情宣伝
	3	駿東郡融和会結成
	3	小笠、融和青年協議会・講習会実施
	3	島田、第4回県融和団体連合大会開催
	4	島田、九島作一、議員当選（～43年）
	5	全水第13回大会、小山、調査部長へ
	5	袋井融和協会発会
	7	全水本部「静岡県下の兄弟は震災復旧を斯く戦え」
	7	小笠、教育者融和事業講習会
	8	青年融和事業指導者養成講習会実施
	11	遠州印刷同工会への弾圧、小林治太郎、高倉寿美蔵ら検挙
	12	静岡県不二同志会設立（融和事業講習会受講者）
	－	「経済更生指定地区施設概況」五和村の例
	－	中央融和事業協会の全国調査、静岡県内52か所、2655戸、1万6132人
1936	5	田方郡協和会結成
	6	富士郡協和会結成
	6	県水平社大池西支部ほか3支部解散
	6	小笠郡融和会、融和修養講習会、映画会実施（～10月）
	8	融和事業教育者講習会（県社会事業協会）
	9	駿東郡融和会、男女青年団修養会実施
	11	小笠郡融和会、掛川と笠原で支部発会
1937	1	融和事業中堅人物養成講習会実施（可睡斎）
	1	第5次満洲移民15人の採用決定（部落からも採用）
	1	第6次満洲移民先遣隊入所式、4月出発
	2	岡部、浜名郡で差別事件、警察による調停
	3	融和事業地区巡回指導（小笠～浜名）
	3	小笠郡融和会総会開催
	5	大阪、全水第1回中央委員会、小山出席
	6	第7次満洲移民先遣隊出発、安藤・多田実ら引率
	8	第2回融和事業教育者講習会
	9	安藤寛「融和問題より見たる満洲農業移民の考察」（『融和事業研究』45）
	9	「故北村電三郎氏の融和事蹟」（『融和事業研究』45）
	－	島田、信用販売購買利用組合設立

年	月	出来事
1938	2	全水第２回中央委員会、小山、地方情勢報告
	3	実行委員会による国民精神総動員融和週間
	6	静岡市、第５回県融和団体連合会大会開催
	7	満蒙開拓青少年義勇軍第３次入所
	7	駿東融和会「一戸一品献納運動」を指示
	8	県、物資調整による地区の打撃、皮革・綿糸布使用制限に伴う影響を調査
	11	大阪、全国水平社第15回大会（挙国一致）、小山中央委員へ、静岡代議員なし
	11	駿東郡融和会、満洲移民地視察報告座談会（安藤寛、田崎佐嘉重）
	11	浜松、融和事業中堅人物養成講習会（三方原学園）
	12	三島、県融和事業研究会
	－	井上良一、武田徳右衛門、田崎佐嘉重ら満洲視察
1939	1	駿東郡融和会、女子指導者講習会実施
	2	第７次満洲移民本隊出発、笠原正男も参加
	3	社会事業協会、転業資金貸付について指示
	3	国民融和日、県主催の講演会実施
	8	第４回融和教育者講習会実施（可睡斎）
	11	融和事業中堅人物養成講習会実施（可睡斎）
1940	3	国民融和週間の開催
	5	浜松、第６回県融和団体連合記念大会（皇紀2600年）
	5	県融和教育会・指導者講習会
	7	県、要改善地区人口動態調査
	8	全水拡大中央委員会、小山、戦地での差別など地方情勢報告
	8	全国水平社愛知県連の解散に対し、小山・朝倉重吉ら名古屋へ
	8	東京、全国水平社第16回大会（大和運動へ）、小山報告
	8	大阪、部落厚生皇民運動全国協議会全国会議に高倉寿美蔵ら２人参加
	8	第５回融和教育者講習会実施
	10	県融和団体連合会地区代表者協議会、新体制翼賛運動として生活刷新実行要目を決定
	11	東京、大和報国運動発足大会、小山、村上文太郎、大高連三参加
1941	6	牧之原・海軍飛行場工事、軍夫寄宿舎で差別事件
	6	同和奉公会設立
	12	全日本靴修理工業組合連合会結成第１回準備会、静岡から小山ら３人参加
1942	1	全国水平社の消滅（思想結社願書不提出）
1943	2	沼津・浜松、同和奉公会の講習会実施
	3	同和事業連絡員調査、同和事業中堅人物養成講習会
	5	日本靴修繕業組合連合会創立（小山は静岡の代表）
	8	同和教育指導者養成講習会実施
	11	磐田・庵原、第１回戦時同和事業連絡協議会
1944	1	小林治太郎死亡、満洲移民から一時帰国後
	6	掛川、決戦同和事業促進連絡協議会開催
	9	同和教育指導者錬成講習会実施

参考文献

水平運動関係

渡部徹・秋定嘉和編『部落問題・水平運動資料集成』全五巻、三一書房、一九七三～七八年
部落問題研究所編『水平運動史の研究』一、部落問題研究所出版部、一九七一年
原田伴彦・渡部徹・秋定嘉和編『近代部落史資料集成』全一〇巻、三一書房、一九八四～八七年
小山荊冠「鈴木織機争議観」「浜松新聞」一九二六年二月一〇日、一一日、一三日
『平民の鐘』平民の鐘社、一九二七年、同志社大学人文科学研究所蔵
『水平運動第五年度 差別事件経過報告書』静岡県水平社本部、一九二八年、国立国会図書館蔵・近代デジタルライブラリー
小山荊冠「同志を姫路に送る」「民衆の中へ」二、民衆社、一九二九年二月
小山荊冠『全国水平社解放連盟解体に就いて』荊冠旗社、一九三〇年、国立国会図書館蔵・近代デジタルライブラリー
小山荊冠『請願隊は如何に闘ったか』全国水平社静岡県連合会、一九三四年、国立国会図書館蔵・近代デジタルライブラリー、水平社博物館蔵
「自由新聞」一～六（静岡）一九二五年、「自由新聞」一～四（埼玉）一九二六年、「平等新聞」八～一一 一九二六年、復刻『初期水平運動資料集』五、不二出版、一九八九年。静岡の「自由新聞」一、二、三、四号、「平等新聞」八号は、京都大学経済学部上野文庫蔵。「自由新聞」六号、「平等新聞」八（九の誤り）、一〇、一一号は、法政大学大原社会問題研究所蔵、「自由新聞」五は未見
小林丈広「静岡県の水平運動と「自由新聞」「平等新聞」」『静岡県近代史研究』一二、一九八六年
宮崎晃『差別とアナキズム』黒色戦線社、一九七五年
静岡県地方裁判所検事局報告『静岡地方裁判所管内に於ける社会運動の状況』一九二九年
司法省刑事局編『日本無政府共産党関係検挙者身上調査書』社会問題資料叢書第一輯、東洋文化社、一九七四年
「米騒動予審終結決定書」『静岡県労働運動史 資料上』静岡県労働組合評議会、一九八〇年
井上清・渡部徹編『米騒動の研究』有斐閣、一九五六年
「静岡県における米騒動」『静岡県労働時評』三、静岡県社会問題研究所、一九六二年
古賀誠三郎『いばらと鎖からの解放』明石書店、一九七八年
加藤弘造『不幸の同胞小研究』一九二四年
加藤弘造『起伏』友吉社、一九九四年
静岡県労働運動史編さん委員会編『静岡県労働運動史』静岡県労働組合評議会、一九八四年
大庭伸介『浜松・日本楽器争議の研究』五月社、一九八〇年
大庭伸介「一九二六年鈴木織機争議の研究」『静岡県近代史研究』一、一九七九年
福岡安則『現代社会の差別意識』明石書店、一九八五年

福岡安則、小松原喜作・貞雄「静岡県下の部落差別と解放運動」荒井貢次郎編『関東東海被差別部落史研究』明石書店、一九八二年
福田雅子『証言 全国水平社』日本放送出版協会、一九八五年
伊藤勉・ぼうひろし『静岡履物史』静岡履物史刊行会、一九六八年
三國連太郎『わが煩悩の火はもえて』光文社、一九八四年
「追悼・三國連太郎さん 徴兵忌避の信念を貫いた」（特集ワイド「この人と」一九九九年八月掲載）『毎日新聞』二〇一三年四月一五日
小松原都美雄「静岡県」『部落問題事典』解放出版社、一九八六年
阿井界一「大正八年下級町民取調書（藤枝町）」『静岡県近代史研究』二、一九七九年
小池善之「米騒動と被差別部落」『静岡県近代史研究会会報』一九八六年一一月
枝村三郎編『静岡県の米騒動』静岡歴史教育者協議会、一九八四年
枝村三郎「静岡県における戦前の無産青年運動（一）」『静岡県近代史研究』一二、一九八六年
清水実「新聞報道に見る大池村の一九一八年米騒動」『静岡県近代史研究会会報』二〇一一年一〇月
斎藤勇「東海地方における被差別部落民の運動」『愛知大学総合郷土研究所紀要』三五・三六、一九九〇・九一年
三原容子「水平社運動における「アナ派」について」『世界人権問題研究センター研究紀要』二・三、一九九七・九八年
『静岡県史 資料編一九 近現代四』静岡県、一九九一年
『静岡県史 通史編五 近現代一』静岡県、一九九六年
東京部落解放研究会「東京水平社関係史料集」『東京部落解放研究』八・九、一九七七年
部落解放同盟中央本部編『全国水平社六〇年史』解放出版社、一九八二年
本田豊編『群馬県部落解放運動六〇年史』部落解放同盟群馬県連合会、一九八二年
部落解放同盟愛知県連合会『愛知県水平社六〇周年写真集』一九八二年
愛知県部落解放運動連合会『愛知県部落解放運動史』一九八三年
部落解放同盟埼玉県連合会『埼玉県部落解放運動史』一九八四年
部落解放同盟静岡県連合会婦人部『生きる』一、一九八八年
渡部徹編『大阪水平社運動史』解放出版社、一九九三年
『発禁書と言論・出版の自由』大阪人権歴史資料館、一九八九年
「(仮称)水平社歴史館」建設推進委員会編『図説水平社運動』解放出版社、一九九六年
水平社博物館編『全国水平社を支えた人びと』解放出版社、二〇〇二年

融和運動関係

静岡県社会事業協会『静岡県社会事業協会会報』一九二一〜

二九年、静岡県立図書館蔵
静岡県社会事業協会『世の為人乃為』一九二九～三一年、静岡県立図書館蔵
静岡県社会事業協会『静岡県社会事業』一九三二～四〇年、静岡県立図書館蔵
静岡県社会事業協会『静岡県社会事業概覧』一九四一年
静岡県社会課『地方改善実例』一九二四年
今井兼寛『同胞敬愛』静岡県社会課、一九二六年
下村春之助『部落問題の発生に就て』静岡県社会課、一九二八年
『明治之光』一九一二～一七年、大和同志会・明治之光社、復刻・兵庫部落問題研究所、一九七七年
『会報』『公道』『社会改善公道』帝国公道会、一九一四～二三年、『覆刻版 公道』西播地域皮多村文書研究会、一九八三年
『融和時報』中央融和事業協会、復刻・三一書房、一九八二～八三年
中央融和事業協会編『融和事業年鑑』全一六巻、復刻・部落解放研究所、一九七〇年
『融和事業功労者事蹟』中央融和事業協会、一九三三年、静岡県立図書館蔵
松井茂「聖代の吉野村民」『自治と警察』警眼社、一九一三年、国立国会図書館蔵・近代デジタルライブラリー
「部落に関する諸統計」一九二一年三月編、内務省社会局、『部落解放教育資料集成』二、明治図書、一九七九年
『浜名郡町村誌』一九一三年
『吉野村誌』吉野村、一九一三年
『大池村誌』大池村、一九一六年
芝田松太郎「河原乞食」『郷土研究』一－一一、一九一四年
「遠州地方の足洗」喜田貞吉編『民族と歴史』二－一、一九一九年
「静岡県浜名郡吉野村事績」一九一九年、白石正明「静岡県浜名郡吉野村事績解題」『日本庶民生活史料集成』二五、三一書房、一九八〇年
尾戸次作「昔は難部落今は理想郷」『斯民』一四－三、一九一九年三月、『近代部落史資料集成』九、三一書房、一九八五年
「静岡県吉野村自治記念碑帖」吉野村自治改良会、一九二七年
「故北村電三郎氏の融和事蹟」『融和事業研究』四五、一九三七年
岡山県内務部社会課『優良部落視察報告』一九二一年
安藤寛「静岡県下の部落産業問題に就て」『融和事業研究』一四、中央融和事業協会、一九三一年
安藤寛「融和問題より見たる満洲農業移民の考察」『融和事業研究』四五、一九三七年
安藤寛「懸案解決の絶好機会」『融和事業研究』四六、一九三七年
安藤寛「日支事変を契機として融和運動の転廻を要す」『融和事業研究』五三、一九三九年
中泉西尋常小学校「本校融和教育施設概要（抄）」『部落解放教育資料集成』三、明治図書、一九七九年
神戸市「融和教育視察報告書」一九三七年、『部落解放教育資

料集成』五、明治図書、一九七九年

近藤恭一郎「融和教育への一提言」『融和事業研究』四二、一九三七年、『部落解放教育資料集成』五、明治図書、一九七九年

『社会関係書類』高根村須走村組合役場、一九三六～三七年

『融和事業関係書綴』高根村須走村組合役場、一九三七～四〇年

『社会関係書類』南山村役場、一九三四年

『融和会関係書類』南山村役場、一九三一年～三七年

『同和奉公会関係綴』南山村役場、一九四三年～四四年

同和奉公会「各府県下ニ起レル差別事件調査」一九四一年、朝治武「日中戦争期の差別事件史料（続）」『部落解放研究』一三五、二〇〇〇年八月

井上良一『自叙伝』一九五七年

『小笠郡農地改革記念誌』農地委員会小笠郡協議会、一九五一年

『静岡県海外移住史』静岡県海外移住協会、一九六九年

静岡県民生部援護課「静岡県送出満州開拓民の概要」一九五五年

長谷川徳市『ふるさとの歴史　松葉町史』一九七〇年

秋田文奈々『高町郷土史』一九七七年

武井岩雄「中国残留孤児来日ニ関シテシベリア抑留ノ一部ヲ記ス者ナリ」一九八二年

松下剛一『遥かなる湖北省』一九八二年

小松原時雄『南区の歴史を顧みる』二〇〇〇年

『遺芳』小笠町遺芳編纂特別委員会、小笠町、一九七三年

『島田市英霊名鑑』島田市遺族会、一九七五年

藤野豊『同和政策の歴史』解放出版社、一九八四年

『静岡県同和地区の歴史』静岡県同和会、一九八六年

小池善之「静岡県の満州移民ノート」『静岡県近代史研究』一〇、一九八四年

松浦国弘「模範村吉野村風俗改善同盟会結成の経緯」『愛知学院大学一般教育論叢』三五－三・四、一九八八年

小林丈広「地方融和政策をめぐる一考察」『北陸歴史科学研究会会報』二〇、一九八五年

小林丈広「静岡県「満州」移民史研究の一視角」『静岡県近代史研究会会報』一九八六年七月

小林丈広「静岡県水平社創立期の一史料」『部落解放研究』八六、一九九二年六月

小林丈広「水平運動を支えた諸潮流　静岡県の事例を通して」『部落解放研究』八八、一九九二年一〇月

小林丈広「地域を歩くなかで」『グローブ』一一、世界人権問題研究センター、一九九七年

『遠江の国 民間陰陽師・職能者と陰陽師の世界』日本カトリック部落問題委員会、二〇〇四年

＊「自由新聞」「平等新聞」の写真は『初期水平運動資料集』五（不二出版）から収録した。原資料を所蔵する京都大学経済学部図書館、法政大学大原社会問題研究所からは掲載の許可をえた。静岡県社会事業協会の機関誌類は静岡県立中央図書館蔵のものを許可をえて掲載した。

竹内康人（たけうち やすと）
1957年生　静岡県浜松市出身、歴史研究
部落解放・人権研究所会員、静岡県近代史研究会会員
著書に『調査・朝鮮人強制労働』①～④（社会評論社、2013年～2015年）、『浜岡・反原発の民衆史』（社会評論社、2014年）、共著に『全国水平社を支えた人びと』（水平社博物館編、解放出版社、2002年）、『静岡県の戦争遺跡を歩く』（静岡県戦争遺跡研究会編、静岡新聞社、2009年）など

静岡県水平社の歴史

2016年7月20日　初版第1刷発行
著者　竹内康人
発行　株式会社 解放出版社
大阪市港区波除4-1-37 HRCビル3階 〒552-0001
電話 06-6581-8542　FAX 06-6581-8552
東京営業所
東京都千代田区神田神保町2-23 アセンド神保町3階 〒101-0051
電話 03-5213-4771　FAX 03-3230-1600
ホームページ　http://www.kaihou-s.com/
装丁　森本良成
印刷　モリモト印刷

ISBN978-4-7592-4225-6　NDC210.6　134P　21cm